나의 감성을 깨우는 책 한 권의 힘

나의 감성을 깨우는 책한권의 힘

이서영 지음

나의 감성을 깨우는 책 한 권의 힘

초판 2쇄 발행 2022년 7월 22일

지 은 이 이서영
펴 낸 이 이서영
기획 및 편집 김재석
디 자 인 한 빛
인　　쇄 디에스프린텍
마케팅 홍보 이익돈

펴 낸 곳 솔아북스출판사
등록일자 2015년 9월 4일
신고번호 477-2015-000002호
주　　소 순창군 복흥면 추령로 1746
메　　일 ebluenote@hanmail.net

※이 책은 전라북도문화관광재단에서 지원하는 2022년 지역문화예술육성지원사업의 도움을 받아 제작되었습니다.

목 차

들어가며… 감성 가득한 우리들의 세상 ·· 008

#1부 | 생각의 바다에 빠진 나, 생각을 뒤집는 나 ································· 017

01 날 좀 사랑해 줘, 왜 이 말을 돌려서 해? ································· 018
〈너의 이웃을 사랑하라〉 에리히 마리아 레마르크

02 나는 되어야 할 무엇일까, 아니면 이미 그 자체일까? ················· 026
〈꽃들에게 희망을〉 트리나 폴러스

03 나의 키다리 아저씨도 좀, 찾아주세요! ································· 032
〈키다리 아저씨〉 진 웹스터

04 자기애, 독일까, 득일까? ·· 040
〈문명〉 베르나르 베르베르

05 이 광대한 세상에 나는 초라한 존재일까? ····························· 046
〈노인과 바다〉 어네스트 헤밍웨이

06 난 살아갈 뿐인데, 내 발자취는 남을까? ································· 052
〈압록강은 흐른다〉 이미륵

07 '생각에 빠진 나'에서 '생각을 뒤집는 나'로ㆍ························· 060
〈연금술사〉 파울로 코엘료

목 차

#2부 | 너, 나를 비추는 또 다른 모습 ·········· 075

08 분리된 자아, 내 환상은 극복되어야 할 무엇일까? ·········· 076
〈황야의 이리〉 헤르만 헤세

09 내 속의 분노, 삶의 의지일까?! ·········· 084
〈분노의 포도〉 존 스타인벡

10 삼각관계, 무거움일까, 가벼움일까?! ·········· 090
〈참을 수 없는 존재의 가벼움〉 밀란 쿤데라

11 Only you는 유통기한이 있을까? ·········· 098
〈젊은 베르테르의 슬픔〉 요한 볼프강 폰 괴테

12 누구나 볼 수 있는 달, 넌 6펜스 가지고 갈 수 있어?! ·········· 106
〈달과 6펜스〉 서머셋 모옴

13 주장과 경청 사이, 넌 들을 귀가 있니? ·········· 112
〈모모〉 미하엘 엔데

14 타임리스timeless, 그 시대의 옷은 나에게 어울릴까? ·········· 120
〈설공찬이〉 김재석

#3부 | '우리'라는 네트워크 바다에서 나는 표류자인가? ······ 133

15 아낌없이 주면 다 사랑이야?! ······ 134
〈아낌없이 주는 나무〉 쉘 실버스타인

16 가족끼리 왜 이래? 빠져나갈 구멍은 줘야지! ······ 142
〈변신〉 프란츠 카프카

17 목표지향적 인간, 추종할 만한 인간형일까? ······ 148
〈모비 딕〉 허먼 멜빌

18 낙인찍기, 우리 안의 더러움일까, 두려움일까? ······ 156
〈주홍 글자〉 너새니얼 호손

19 캐스트 어웨이cast away, 나는 네트워크의 바다에서 표류하는 조난자일까? ······ 164
〈로빈슨 크루소〉 다니엘 데포

20 선택은 착각일까, 자유의지일까?! ······ 170
〈1Q84〉 무라카미 하루키

나가며⋯ 이야기되지 않는 것은 잊혀진다 ······ 180

참고도서 ······ 190

들어가며…

감성 가득한 우리들의 세상

"빌헬름이여, 사랑 없는 세계에서 산다면 우리 마음에 무슨 가치가 있을까? 불이 들어오지 않는 환등幻燈이 무슨 소용이란 말인가. 작은 램프를 그 속에 넣어야 비로소 하얀 벽에 온갖 그림이 생긴다네. 비록 그것이 일시적인 환영이라 하더라도, 그 앞에 소년처럼 서서 불가사의한 영상에 황홀해진다면 그것 역시 행복한 일이 아닐까."

어린 나는 이 문장을 읽다가 책을 덮고 잠시 생각에 잠겼다. 아, 그렇구나. 사랑이란 그런 것이로구나. 사랑이 없다는 것은 불이 들어오지 않는 환등처럼 막막하고 캄캄한 세상을 걷는 것이로구나. 나는 앞으로 어떤 사랑을 경험하게 될까.

젊은 베르테르는 로테를 마음에 품고부터 사랑을 알고 깨닫고 온몸으로 온 마음으로 체험하게 된다. 그의 심장은 무시로 쿵쾅거리고 온 세상이 그녀로 시작해 그녀로 마감된다. 뜨겁게 사랑하는 마음의 열병을 식히지 못해 결국 지구별을 떠났지만 그는 사랑으로 충만하였다. 그녀를 사랑하면서부터 베르테르는 늘 미열에 시달리고 온몸의 세포가 살아서 미세하게 진동했다.

한바탕 소나기가 지나갔다. 후텁지근한 날씨가 가지런히 정리되어 나란하다. 뜨거운 태양 아래서 어쩔 줄을 모르다가 갑자기 내린 단비로 꽃들과 풀들과 생명들은 촉촉이 젖어 참 행복하겠다. 새가 날아간다. 소리를 하며 지나간다. 저 새는 어떤 종류일까 문득 궁금해진다. 저 새는 하늘을 날아다니며 먹이를 어떻게 구할까 궁금해진다. 북카페 바깥에서 도로를 간간이 지나가는 차들이 이쪽에서 저쪽으로 꼬리를 길게 늘이며 소리를 남겨놓고 사라진다. 이 다양한 상황들을 모아 하나의 이야기를 짓는다면 나는 어떤 이야기를 지을 수 있을까.

스토리 텔링이 자연스러운 시대가 되었다. 우리가 일상에서 흔연스럽게 바라보는 모든 것들에게 '의미'를 부여하는 순간, 그것은 하나의 이야기로 다시 태어난다. 이야기로 태어나면 사람들은 더욱 귀를 쫑긋 세우며 귀 기울여 듣는다. 저 이야기 속에는 무엇이 들어 있을까, 궁금해하는 표정을 지으면서 말이다.

나는 지구별 여행을 하면서 많은 이야기를 얻어들었다. 사람들의 입을 통하여, 혹은 영상을 통하여, 혹은 활자를 통하여 많은 이야기를 들어왔고 어떤 이야기들은 나의 삶의 일부가 되고 피와 살이 되었다.

들어가며…

일정한 틀에 넣어 하나의 흐름을 갖고 결론을 향해 가는 이야기들. 우리는 이것들을 문학작품이라 일컫는다.

베르나르 베르베르는 말한다.

"이야기되지 않는 모든 것은 잊혀진다. 잊히는 것은 존재하지 않는 것이나 다름없다. 이야기를 한다는 것은 곧 대상에 불멸성을 부여하는 작업이다."

내가 기억하는 첫 독서의 기억은 초등학교 4학년에서 5학년 무렵이다. 교육 대백과 류의 책이었는데 전체가 아닌 요약된 이야기들 중에서 <백조의 호수>를 만났다. 선과 악의 대비가 너무 선명하고 그들의 사랑이 안타까워 발을 동동 굴렸다. 중학생이 되자 남녀공학에서 여학생만 다니는 학교로 바뀌었다. 사춘기로 접어들었다. 민감하고 섬세한 내면이 드러나기 시작했다. 초등학교 때는 몸으로 움직이는 일들을 많이 했다. 배구도 하고 달리기도 하고 주산도 배워서 전국 투어를 다니고 활발하게 활동적으로 움직이다가 중학생이 되자 본격적인 문학 탐구의 세계로 진입했다. 사춘기로 접어들면서 내면세계의 탐구가 시작된 것이다. 마음은 알 수 없는 이유로 불안했고 조금씩 떨리는 진동이 느껴졌다. 철학자 하이데거가 말하는 인간의 본원적 '불안'을 느끼게 된 것이다. 사람들과 눈을 제대로 맞추기 힘들었고 초등학교 동창인 남학생의 전화를 받기만 해도 가슴이 쿵쿵거렸다. 나의 불안은 책 세계의 탐험으로 이어졌다. 활자로 된 것들은 눈에 띄는 모든 것들이 호기심의 대상이 되었다. 중학교 1학년 신입생이 되어 첫, 날, 영어를 배우던 기억이 또렷하다. 대문자, 소문자, 필기체를 보여주었는데 새로운 세상이었다. 그때부터 눈에 뜨이는 모든 영어, 예를 들어 팝송 가사들은 머릿속으로 외워질 때까지, 배가 고플 때까지 입술로 반복했다. 교감 선생님이 시조 시인이어서 날마다 하루 열 개의 한자를 노트에다 기계적으로 쓰면서 외워야 했다. 다른 학생들은 고역이었을지 모르지만 나는 매우 신선하고 재미있었다. 중학교 3학년 때까지 계속된 작업으로 한자와 영어는 삶의 일부가 되었다. 한자와 영어는 향후 문학작품을 읽고 이해하는 데 폭발적인 도움을 주었다. 문해력의 크기와 깊이가 달라지는 중요한 변별점이 되었다.

중학교 때 〈세계문학전집〉을 만났다. 이 책에 소개된 〈노인과 바다〉, 〈황야의 이리〉, 〈젊은 베르테르의 슬픔〉, 〈분노의 포도〉, 〈너의

들어가며…

이웃을 사랑하라〉, 〈주홍 글자〉와 수십 편의 작품들이 수록되어 있었고 무척 행복하고 뿌듯한 마음으로 눈앞에 보이는 책들을 읽고 읽고 또 읽었다. 고등학교에 들어가서 〈우리나라 단편소설〉 전집을 선물 받았다. 1900년대를 전후하여 중반까지의 작품들이 수록되어 있었다. 현진건, 나도향, 이광수, 심훈, 염상섭 등 수백 명의 작가들과 만나면서 그들이 나의 삶에 본격적으로 개입하기 시작했다. 그들의 다양한 시선으로 세상을 보게 된 것이다.

이렇듯 초중고등학교 때의 독서 체험이 지금의 나를 만들었다. 이들이 나에게 준 경험치는 말로 표현할 수 없다. 중학교 때 읽었던 헤르만 헤세 전집은 존재의 내면을 파고드는 숱한 질문지를 던져주었다. 〈황야의 이리〉, 〈싯타르타〉, 〈나르치스와 골드문트〉(이는 〈지와 사랑〉으로 해석되어 나오던 때도 있었다.) 등 헤르만의 글 속에는 자신의 삶을 어떻게 파악해야 할 것인가에 대한 존재론적인 고민으로 가득 차 있었다. 고등학교 때 만난 레마르크의 〈개선문〉, 〈서부 전선 이상 없다〉, 〈검은 오벨리스크〉, 〈너의 이웃을 사랑하라〉 같은 작품들은 전쟁이 얼마나 아프고 어리석고 절망적인가에 대한 깊은 울림을 주었다. 키에르케고르의 〈죽음에 이르는 병〉, 니체의 〈차라투스트라는 이렇게 말했다〉 등은 이해되지 않았지만 묘한 매력으로 손에서 책을 놓지 못하게 했다. 이 모든 문학적 경험들의 총체가 지금의 '나'다.

서른이 되어 삶이 막막해졌을 때 다시 책 숲으로 들어갔다. 그 속에서 먹고 자면서 물질적으로 헐벗어도 정신적으로 포화되는 세계 속에서 참으로 행복했다. 니체의 차라투스트라가 10년이 지나 산에서 내려와 사람들의 세상으로 들어가듯, 나 또한 배운 만큼, 익힌 만큼 사람들과 나눠야 한다는 생각이 들었을 무렵부터 책을 쓰기 시작했다. 나는 내가 쓴 책들을 50번 이상 읽었다. 앞으로도 부지런히 읽을 것이다. 죽을 때까지 배우고 익히는 학생으로 살 것이다.

우리의 뇌는 참으로 위대하다. 1.4 킬로그램의 뇌의 주인은 우리 자신이다. 뇌를 가만히 놔두지 말라. 특히나 문학작품을 읽는 작업은 우리의 뇌에게 귀한 먹이가 되어 추론, 분석, 판단의 경지를 넘어 상상, 창의, 창발의 세상, 감성으로 촉촉한 세상으로 우리를 이끈다. 우리는 가능성 그 자체다. 하지만 가능성만으로는 현실이라는 공간으로의 물질화가 불가능하다. 문학작품 속으로 들어오라. 책 숲으로 진입하라. 진정한 나를 만나라. 내 안의 무수히 많은 '나'가 간절한 마음

들어가며

으로 지금 이 순간에도 우리를 기다리고 있다. 우리는 우리가 보고 듣고 느끼고 깨달은 만큼이다. 숱한 문학 작품들을 읽으면 읽는 만큼 그 모든 존재들이 내 삶 안으로 들어와 나와 함께 살면서 나의 강력한 멘토들이 되어준다. 그들은 기꺼이 그 역할을 도맡는다. 이성, 감성, 지성 등 한 인간이 정신적으로 도약할 수 있는 최고의 지점까지 상승시켜 줄 지렛대가 되어줄 문학작품은 우리를 위해 오래전부터 우리를 기다리고 있다. 문을 활짝 열어 기꺼이 맞이해보자.

어려서 <젊은 베르테르의 슬픔>을 읽으면서, 로테를 향한 한없이 유약하고 감성적인 베르테르의 마음과 로테의 슬픈 음악 같은 사랑이 만들어내는 사랑의 운율들이 얼마나 마음 아프고 가슴 떨리게 하였던가를 기억한다. 그런데 그 감성적 기억들이 나의 뇌를 어떻게 자극하고 나의 이성과 결합하여 얼마나 풍성한 정신세계를 형성하였는지에 대해서는 생각해본 적 없다.

하지만 이제는 안다. 우리가 읽고 보고 듣고 느끼는 모든 것들이 우리의 뇌를 통과해 우리를 새로운 세상으로 이끌어간다는 사실을. 감정이 아니라 지극히 섬세한 감성적 자극들이 우리의 내일을 풍성하게 만들어 줄 것이라는 사실을. 결국 우리는 우리가 읽고 보고 듣고 느끼고 사유하는 만큼의 존재이다. 여기에 수록된 책들은 내가 지금껏 읽어왔던 많은 문학 작품들 속에서도 오랜 시간 각인되어 나의 삶을 형성하는 데 크나큰 일조를 한 작품들이다. 이 작품들을 읽으면서 손에 땀을 쥐기도, 읽다가 멍한 표정으로 오랫동안 앉아 있기도, 망치처럼 어제의 나를 깨트려 나의 사유 공간이 새롭게 만들어지기도 했다. 나는 지금껏 내가 읽었던 모든 책들이다. 함께 걸으면서 각 책마다 감성 소통 포인트를 체크 해 보자. 나에게 질문을 던져보자. 질문하는 순간 우리의 뇌가 움직이기 시작한다. '감정'이 아니라 '감성' 가득한 우리들의 세상을 꿈꾼다. 상처 가득한 '감정 세계'에서 떠나와 상상 가득한 '감성의 세계'를 산책하는 우리를 축복한다.

나의 감성을 깨우는
책 한 권의 힘

#1부 | 생각의 바다에 빠진 나, 생각을 뒤집는 나

01 날 좀 사랑해 줘, 왜 이 말을 돌려서 해? ················ 018
　　〈너의 이웃을 사랑하라〉 에리히 마리아 레마르크

02 나는 되어야 할 무엇일까, 아니면 이미 그 자체일까? ········ 026
　　〈꽃들에게 희망을〉 트리나 폴러스

03 나의 키다리 아저씨도 좀, 찾아주세요! ················ 032
　　〈키다리 아저씨〉 진 웹스터

04 자기애, 독일까, 득일까? ························· 040
　　〈문명〉 베르나르 베르베르

05 이 광대한 세상에 나는 초라한 존재일까? ·············· 046
　　〈노인과 바다〉 어네스트 헤밍웨이

06 난 살아갈 뿐인데, 내 발자취는 남을까? ··············· 052
　　〈압록강은 흐른다〉 이미륵

07 '생각에 빠진 나'에서 '생각을 뒤집는 나'로 ············· 060
　　〈연금술사〉 파울로 코엘료

01 날 좀 사랑해 줘, 왜 이 말을 돌려서 해?

너의 이웃을 사랑하라/ 레마르크

> 에리히 마리아 레마르크는 1898년 지구별 도착, 1970년 지구별을 떠난 독일의 소설가다. 카톨릭 신자였고 18세에 전쟁에 징집되어 1차 세계대전에 참가했다. 1929년, 〈서부 전선 이상 없다〉는 이때의 경험이 바탕이 되었고 그는 이 책으로 세계적으로 유명한 작가가 되었다. 나치가 정권을 잡자 프랑스로 망명했다가 전쟁 발발 후 1939년, 미국으로 망명, 전쟁 후에는 스위스에 도착했다.

히틀러의 나치는 그의 작품을 공개적으로 불태웠다.

그는 전쟁 중인 파리를 배경으로 1945년, 〈개선문〉을 발표했다.

내가 레마르크를 만난 것은 고등학교 1학년 때였다. 10권의 레마르크 전집이 집에 도착했다. 이제는 그 과정을 잊어버려서 생각나지 않는다. 하지만 책 숲에 심취해 있던 당시에 레마르크의 건조하면서도 단호한 문체는 나를 사로잡았고 그의 책 10권을 단숨에 읽고 읽고 또 읽었다. 최근 정리를 위해 다시 펼쳤다. 1984년, 4판을 찍었고 가격은 3,000원이다. 시간이 참으로 쏜살같이 지나가고 있음을 확인한다. 활자는 7포인트쯤 되는 것 같다. 오른쪽에서 왼쪽으로 넘기면서 읽어야 하고 대부분의 명사는 한자로 되어 있어 가다가 멈추기도 한다. 한자를 그림처럼, 말하자면 상형문자로 매우 재밌게 받아들이기도 하지만 워낙 많은 단어를 따로따로 다 외워야 한다는 것은 언어의 경제성에 있어서 늘 난제인 듯하다.

죽음을 앞둔 아내를 만나기 위해 도망 나왔던 곳으로 다시 돌아가야 했던, 정치적인 이유로 망명한 40대의 베를린 출신 시타이너를 읽어내려가던 16쪽에서 한자 때문에 발을 멈췄다. 임연규 시인에게 질문했다. "이 한자는 어떻게 읽어야 하나요?" 곧 그가 화답했다. "사면할 사, 같은데요?" 확인해 보니 '사면할 사' 혹은 '용서할 사' 라는 글자다.

레마르크의 <검은 오벨리스크>와 <개선문>, <사랑할 때와 죽을 때>, 그리고 지금 다시 읽는 <너의 이웃을 사랑하라>는 여러 번 읽으면서 평생 기억될 책이 되었다. 고등학교 때 좋아했던 작가로는 전혜린, 윤동주, 레마르크, 헤밍웨이, 헤르만 헤세 등이 있다. 좋아했던 철학자는 <죽음에 이르는 병>을 썼던 키에르케고르와 실존주의 철학자 니체와 그를 상심하게 만들었던 루 살로메가 있다. 러시아 작가는 참으로 대단한 작가들이 많아서 다양하게 읽어내려갔다.

지금 북카페에는 약 6천~7천 권의 책들이 있다. 책장이 부족해 두 겹, 세 겹으로 전시되어있는 책들도 있다. 30년이 넘은 레마르크 전집은 누렇게 바랬다. 혹자는 이 책들을 이제는 읽지 않으니 버리기를 바라지만 나는 이 책들을 버릴 수 없다. 하여 버리지 않기 위해 다시 읽기 시작했다. 10대 시절 열렬히 좋아했던 전혜린은 버렸고 윤동주는 떠나보냈다. 그러나 레마르크는 여전히 내 곁에 남아 있다. 앞으로 여력이 된다면 루 살로메의 작품을 번역하고 싶다. 어린 시절의 독서는 평생 자산이 되고 나의 일부를 형성한다. 가치관을 형성하기도 하고 세계관을 만들어내기도 하고 머릿속에서 늘 함께 동고동락하면서 내면의 든든한 동지가 되기도 한다.

레마르크는 두 번의 세계대전을 경험한 작가이다. 그의 작품은 대부분 전쟁을 배경으로 한다. 전쟁의 상흔으로 고통스러워하거나 전쟁 중에 살아남기 위하여 고군분투하거나 전쟁 한 가운데에서 전쟁의 참혹함을 온몸으로 경험해야 하는 존재들이 등장인물이다. <너의 이웃을 사랑하라>는 1941년 그가 43세에 발표한 작품으로 자신의 체험이 반영된 망명 소설이다. 나치 탄압으로 강제 추방된 많은 국제적인 방랑자들에게 가장 간절한 것은 여권이었다. 그런데 목숨은 살아 있으나 여권이 없다는 이유로 그들은 늘 생존의 위협을 받아야만 했다. 아버지가 유대인이어서 강제 추방된 케른은 스무 살이 갓 넘은 청년이다. 그는 이 나라에서 저 나라로 쫓겨 다닌다. 여권이 없기 때문이다. 어머니의 고향인 프라하에 갔다가 역시 추방되고 만다. 그는 불법 입국자이므로 늘 불안한 긴장 상태에서 까무룩 잠들었다가 늘

얕은 잠에서 깨어났다.

깨어날 때도 본능적으로 자신을 잡으러 온 사람들을 피해 어떻게 탈출한 것인가를 무의식적으로 고민했다. 그러다가 감옥으로 잡혀들어가기도 했다. 케른은 그곳에서 세상을 배운다. 감옥은 시타이너와 케른이 만난 곳이기도 하다. 시타이너는 카드놀이와 세상을 대하는 처세법을 가르쳐 준다. 케른은 빈에서 온 대학생에게서 복싱과 담력도 배우면서 점점 세상과 대적하는 법을 배운다. 유대인이며 화학도인 루스는 시효가 지난 여권을 가지고 있다. 케른과 루스는 나라를 떠나 생존을 위해 고군분투하다 서로를 알아보고 사랑에 빠진다. 시타이너가 이들의 생존을 돕는다. 시타이너는 왜 그들을 끝까지 돕는 걸까. 왜 붙잡힐 것을 알면서도 죽어가는 아내를 향하여 서슴없이 떠났던 것일까. 바로 이 지점을 레마르크는 우리에게 전하고 싶은 것 같다. 인간과 인간이 서로를 알아보고 여하한 상황에서도 서로에게 등을 내어주는, 아무리 처참한 상황이라도 인간의 품위까지 내어주어서는 안 된다는 사실을 우리에게 알려주고 싶은 것 같다.

'나의 사랑하는 레오폴드야. 네 편지를 어제 받았다. 어찌나 기쁜지 마음이 가라앉기를 기다리느라 우선 한참을 앉아 있어야 했다. 그런 다음에야 비로소 봉투를 찢어 읽기 시작했다. 내 아들 레오폴드야. 시간 있으면 곧 에미한테 편지해다오. 우리 식구가 빨리 다시 모이게

되면 얼마나 좋겠니? 에미를 잊지 말아다오.'

케른은 빈더의 편지를 읽는다. 레오폴드는 빈더의 형이다. 그는 1년 전에 죽었다. 이후로 몇 주만에 한 번씩 동생 빈더는 형의 글씨체를 연습해서 어머니에게 편지를 써왔다.

"어머니는 이제 60세입니다. 심장이 허약해 오래 사시지 못할 것입니다. 그동안은 형이 스스로 목숨을 끊었다는 사실을 절대 모르게 할 겁니다."

전쟁통에, 죽는 순간을 인식하지도 못한 채 폭탄이 터져서 죽고 총에 맞아 죽고 살겠다고 이리저리 피해 다니다가 결국 스스로 목숨을 끊기도 하는 어지럽고 불안한 시대를 살았던 레마르크. 그가 바라본 세상은 다양한 인물들을 통해 그들의 언어와 행동으로 우리에게 전달된다.

전쟁이란 남성의 전유물이라고 한다. 지금, 여기의 지구별도 전쟁이 끊이지 않는다. 최근에는 우크라이나를 침공한 러시아 때문에 전 세계가 들썩거린다. 이제는 어떤 나라도 자국의 이익을 생각하지 않고는 대화를 나누지 않고 평화를 말하지 않는 시대가 되었다. 전쟁은 경험해보지 않고서는 그 지옥을 결코 체감할 수 없다고 한다. 힘없는 민중들은 참으로 허망하게 지도자의 어리석음 때문에 전쟁의 소용돌이 속으로 휘말려 들어가기도 한다. 레마르크는 전쟁의 와중에도 결코 사라지지 않는 인간애와 인간의 존엄성에 대하여 우리에게 전하고 싶어 한다.

이제 전쟁이 나면 3차 세계대전이고 이 전쟁은 1차, 2차 세계대전과는 차원이 다를 것이다. 원자폭탄 버튼 하나만 누르면 지구별이 통째로 사라질 수도 있다. 인간의 욕망은 20세기를 지나 한 세기를 걸어오는 동안 한 발자국이라도 진보한 것일까. 평화에 대한 간절함이 전쟁광들에게 스며들어 어느 날 갑자기 순한 양이 되어 버리는 그런 동화 같은 시간을 꿈꾼다. 어쩌면 전쟁은 사랑의 부재에서 오는 것이며 사랑에 대한 강한 욕망에서 비롯되는 것은 아닐까. 사랑이 부족해 사랑해 달라고 떼쓰는 어린 영혼이 무력이라는 물리적인 힘을 동원하여 온 세상을 시끄럽게 만든다. 히틀러, 무솔리니, 스탈린, 그리고 21세기, 블라디미르 푸틴 같은 영혼들은 사랑의 부재 속에서 끊임없이 사랑받기를 원하는 불쌍한 어린 양들이다.

1부_생각의 바다에 빠진 나, 생각을 뒤집는 나

02 나는 되어야 할 무엇일까, 아니면 이미 그 자체일까?

꽃들에게 희망을/ 트리나 폴러스

"나비에 대한 믿음을 갖도록 도와준 이 세상 모든 분들에게 감사드리면서…. 이 이야기는 자신의 참모습을 찾기 위해 많은 어려움을 겪은 한 마리 애벌레의 이야기입니다. 이 애벌레는 나 자신을, 그리고 우리 모두를 닮았습니다."

트리나 폴러스가 말한다. 이 책은 그녀가 우리 모두에게 사랑으로 보내는 선물이라고.

어느 날 줄무늬 애벌레 한 마리가 알을 깨고 세상에 나왔다. 그는 햇살을 처음 느꼈다. 따뜻했다. 불어오는 바람을 처음 느꼈다. 부드러웠다. 나뭇잎 위에서 한 생을 살기 위해 깨어난 애벌레는 자신이 앉아 있는 나뭇잎을 갉아먹기 시작했다. 배가 고팠기 때문이다. 그는 나뭇잎들을 한 장 한 장 갉아먹었고 초록색 똥을 싸면서 무럭무럭 컸다. 하지만 날마다 같은 일을 무한 반복하던 어느 날 애벌레는 자신이 무엇을 하고 있는지 '생각' 하기 시작했다.

'삶에는 먹고 싸고 잠들고 몸뚱이가 크는 것, 그 이상의 것이 있지 않을까?'

그는 자신을 둘러싼 편안한 그늘과 다정한 나무에서 기어 내려왔다. 그는 다른 '생각'을 하였으므로 다른 '행동'을 '선택'했다. 경험치라고는 없었던 순진무구한 애벌레에게 나무 위가 아닌 땅 위의 삶은 경이로웠다. 온갖 종류의 풀들, 흙들, 구멍들, 작은 벌레 들이 그 앞에 나타났다. 그는 조금씩 세상을 알아갔다. 그는 자신과 꼭 닮은 애벌레들도 만났다. 하지만 그들은 먹는 일, 싸는 일, 자는 일에 열중하고 있어서 줄무늬 애벌레와 말을 섞을 시간도 없었다.

어느 날 줄무늬 애벌레는 어딘가를 향해 부지런히 움직이는 애벌레들을 만났다. 그들은 하늘 높이 치솟은 커다란 기둥을 향해 부지런히 기어가고 있었다. 그는 호기심 가득한 표정으로 그들을 따라갔다. 기둥들은 여기저기 무더기 져 있었다.

가까이 다가가서야 그는 알게 되었다. 하늘을, 저 구름 너머를 향해 높이 높이 올라가는 거대한 애벌레 더미가 바로 기둥의 실체라는 사실을. 꼭대기에 무엇이 있는지는 알 수 없었지만 애벌레는 엄청난 설렘으로 심장이 쿵쿵 방망이질했다. 줄무늬 애벌레는 기둥 더미로 뛰어들었다. 기둥 속 동료가 된 애벌레들은 오직 위로 올라가는 것 이외에는 다른 목표가 없었다. 줄무늬 애벌레는 간혹 곁에 있는 애벌레들에게 물었다.

"왜들 이렇게 저 높은 곳으로 올라가는지 혹시 너는 아니?"

"아무도 몰라. 하지만 모두들 저렇게 달려가는 모습을 봐. 무언가 대단한 것이 있음에 틀림없어! 그렇지!"

부지런히 위로 위로 올라가기에 여념이 없던 줄무늬 애벌레는 기둥 더미에서 노랑 애벌레를 만나 그녀를 밟고 올라서려는 순간, 삶의 가치와 의미가 무엇인가를 불현듯 깨닫는다. 노랑 애벌레에게서 사랑을 느낀 것이다. 둘은 기둥에서 내려와 사랑으로 함께 날들을 보낸다. 하지만 다시 무료한 무한반복의 일상. 그는 노랑 애벌레에 대한 사랑이 시들지는 않았지만 기둥에 대한 미련을 버리지 못해 자꾸 기둥 주위를 서성인다. 어느 날 기둥 주위에서 쿵! 하는 소리와 함께 커다란 애벌레들이 떨어졌다. 그들은 죽기 전에 이렇게 말했다.

"저 꼭대기…. 그들은 보게 될 거야…. 나비들만이…."

자, 여기까지. 이 아름다운 우화는 생명의 성장과 진화에 관한 이야기다. 애벌레는 자신이 나비가 될 것이라는 사실을 알지 못한다. 하지만 그는 결국 나비가 되어 세상을 날아다니는 존재로서의 자기 정체성을 발견한다. 인간은 '되어가는 존재'이다. 인간은 태어나자마자 '완성되는' 존재가 아니다. 인간은 '미완'의 존재다. 그러므로 날마다 일일신우일신이라는 이름으로 24시간을 채워나간다. 빼곡히 채운 24시간은 나를 앞으로 나아가게도 하고 뒤로 물러서게도 한다. 확실한 것은 질문하고 의심하는 일이다. 지금 나의 자리가 어디인지, 내가 가야 할 자리가 어디인지, 도착지점이 바로 출발지점이고 출발지점이 바로 도착지점이라는 사실을 결국 깨닫게 되겠지만 어느 만큼 먼 길을 빙빙 돌아 그곳에 다시 도착하는가에 대한 문제는 매우 중요하다.

실존주의 철학자 니체는 인간의 성장과 진화 단계를 설명한다. 순진무구한 어린아이의 단계, 등에 짐을 잔뜩 져야 하는 낙타의 단계, 맹렬하게 세상과 싸우고 도전하는 사자의 단계, 그리고 다시 순한 눈빛을 지닌 어린아이의 단계. 진화의 첫 단계와 마지막 단계가 같다고 해서 그 속에 들어 있는 의미 또한 같은 것은 아니다. 아무것도 알지 못하는 순진무구의 어린아이와 먼 길을 돌아와 거울 앞에 선, 삶의 온갖 과정을 온몸으로 경험한 자가 선택한 어린아이의 단계는 같지 않다. 빈손으로 태어나 빈손으로 지구별을 떠나는 것이 인간에게 주어진 삶처럼 보이지만 마지막 순간의 빈손은 처음과 더이상 같지 않다.

줄무늬 애벌레는 다시 기둥 더미 속으로 뛰어들어 높이 높이 올라가는 일을 선택한다. 그는 위에 무엇이 있는지도 모르고 나비가 무엇인지도 모르지만 꿈틀거리는 일을 쉬지 않는다. 죽어가는 애벌레들의 입속에서 터져 나온 '나비'라는 두 단어가 줄무늬 애벌레의 마음에 새겨졌다. 나비들만이 보게 될 것이라는 저 꼭대기의 모습을, 자신 안에 나비가 숨겨져 있음을 알지 못해도, 줄무늬 애벌레는 꿈틀거리며 위로 위로 올라가는 작업을 쉬지 않는다.

"땅에 있으면서 꿈틀거리는 게 우리의 삶이야."

꿈틀거리며 부단히 움직이는 것이 애벌레의 삶이라 하더라도 어디를 '향'하여 가는지 불안하면서도 자꾸 '질문'하는 줄무늬 애벌레의 삶은 기둥에서 다시 내려와 잃어버린 사랑을 찾아 헤맬 때 결국 삶의 '답'을 찾(아내)게 된다. 지친 줄무늬 애벌레가 어느 날 잠에서 깨어나 보니 노랑 생명체 하나가 눈부신 날개로 그의 곁에서 부채질을 해주고 있음을 발견한다. 그녀는 더듬이로 그를 쓰다듬어 주었고 사랑스러운 눈길로 그를 바라보았다. 그녀는 줄무늬 애벌레를 눈길로 인도하여 나뭇가지에 걸린 찢어진 고치에게로 그를 안내한다. 그녀는 떨리는 더듬이로, 간절한 눈빛으로 줄무늬 애벌레에게 그녀의 사랑을 전달한다. 어렴풋이 조금씩 무언가를 이해하게 된 줄무늬 애벌레는 애벌레들의 기둥 더미가 아닌 나무 위로 서서히 기어 올라가 두 개의 찢어진 고치 옆에 매달려 자신 안에 숨어 있었던 실을 풀어내어 자신을 감기 시작한다. 점점 어둡고 캄캄해진다. 모든 것을 포기해야 할지도 모른다. 하지만 지금은 고치 속으로 들어가지 않으면 안 될 것만 같다. 목숨을 온전히 내어놓는 결단의 순간이다. 이 순간이 바로 마지막 1도의 순간이다. 99도에 더해지는 마지막 1도의 순간. 질적으로 도약하는 순간. 새로운 세상이 열리는 순간.*

1부_생각의 바다에 빠진 나, 생각을 뒤집는 나

03 나의 키다리 아저씨도 좀, 찾아주세요!

키다리 아저씨/ 진 웹스터

〈키다리 아저씨〉를 만났다. 나의 독서 역사를 돌이켜볼 때 〈키다리 아저씨〉는 그저 스쳐 지나가는 책이었다. 하지만 무의식에 얼마나 깊이 잠재해 있었는지 다시 읽으면서 깨닫게 되었다. 어른이 되어 읽히면서 감동을 주거나 도약하게 하는 책이 있는가 하면 청소년 무렵에 정신을 깨우는 책이 있고 어린 소년, 소녀였을 때 읽히는 책들이 있다. 〈키다리 아저씨〉는 내가 소녀였을 때 읽은 책이다.

며칠 전 카페에서 순창 신문을 부지런히 읽고 있다는 독자 한 분을 만났다.

"어렵지만 매주 작가님의 칼럼을 읽는 재미가 쏠쏠합니다."

글이란 그런 것이다. 일단 누군가가 쓰고 그것이 활자화되면 또 누군가가 그것을 읽는다. 읽는 과정을 통해 글은 누군가의 정신세계에 스며들게 되고 언젠가부터는 함께 삶을 걸어가게 된다. 어려서 책을 읽히는 것이 매우 중요한 이유는 부모가 언제까지고 자녀들의 뒤를 졸졸 쫓아다니며 왈가왈부할 수 없기 때문에 정신의 밭에 양식을 심어주는 행위와 같기 때문이다.

내가 아는 한 시인은 어려서의 독서 경험이 부재한 까닭에 정신적 동료들이 많지 않아서 그는 이제서야 한 권씩 한 권씩 읽어가고 있다. 그가 바라본 세상에는 '그들'이 존재하지 않았다. '그들'과 함께 어려서부터 걸어왔다면 그의 삶은 지금보다는 더 풍성했을 것이다. 자연은 커다란 스승이고 삶 또한 커다란 스승이어서 지속적으로 우리를 지구별 여행자로 성장하게 해주지만 어려서 만난 정신적 동료들은 우리가 어딜 가든, 무슨 일을 경험하든 내적 공간 안에서 함께 기뻐하고 함께 슬퍼하고 함께 박수치고 함께 두려움에 떤다. 삶이라는 체험을 온전히 혼자서 하는 것이 아니라 정신적 공간에서 사는 이들과 함께 경험한다는 사실은 매우 경이롭다. 그것은 어딜 가든, 어떤 위험에 처하든 결코 나 혼자가 아니라는 사실로 인해 내가 열등감이나 우월감에 시달리는 정신병적 존재가 아니라 자존감self-esteem을 지니고 어떤 상황에서도 꿋꿋이 앞으로 나아갈 수 있는 든든한 배경background를 갖는다는 의미이다.

어떤 학자 유대인이 다른 나라로 떠나기 위해 배에 몸을 실었다. 그곳에는 많은 물질적 부자들이 있었다. 어느 날, 부자들은 서로 자신이 더 많은 것을 지니고 있음을 자랑하면서 유대인 학자에게 물었다.

"당신은 어떤 것을 지닌 부자입니까?"

학자는 말했다.

"나는 지금 입고 있는 이 옷 한 벌이 전부입니다. 하지만 내 머릿속에는 많은 지식들이 있습니다. 이것이 제가 가진 재산입니다."

부자들은 하하하, 비웃었다. 곧 사나운 태풍이 불어닥쳐 배를 전복시켰고 그들은 지니고 있던 모든 것을 잃었다. 몇 달이 지나 부자들은 낯선 도시에서 거지가 되어 길거리에서 구걸하다가 유대인 학자와 우연히 마주치게 되었다.

학자가 말했다.

"당신들은 왜 그런 모습으로 지금 여기 있소? 나랑 함께 갑시다. 나는 내 지식으로 학생들을 가르치고 있으니 당신들에게 따뜻한 밥을 대접할 수 있소. 자, 갑시다."

<키다리 아저씨>를 다시 읽으면서 자주 웃었고 자주 멈췄다. 아, 어려서 이 책을 얼마나 웃으면서, 가슴 떨리면서 읽었을까. 이 책이 내 머릿속으로 들어와 참으로 커다란 역할을 감당했구나.

<키다리 아저씨>는 40세의 젊은 나이에 지구별을 떠난 진 웹스터의 경쾌한 성장소설이다. 주인공은 저루샤 애벗. 그녀는 18살이고 고등학교를 졸업하면 고아원을 떠나야 하는 소녀이다. 하지만 그녀는 원장의 눈에 들어 졸업 후에도 고아원을 떠나지 않고 97명의 어린 고

아들을 돌보는 일을 한다. 매월 첫 수요일이면 고아원은 들썩거린다. 고아원을 시찰하는 평의원들이 나들이하는 날이기 때문이다. 저루샤는 기운이 빠져 지끈거리는 관자놀이를 누르며 창가에 기대 휴식을 취하는 시간까지 한시도 쉬지 못하고 진종일 이 일 저 일에 불려 다녔다. 이윽고 하루가 끝나 한숨을 쉬고 있는 저루샤를 원장이 부른다. 잘못한 일이 있는지 가슴 졸이며 원장 앞에 선 저루샤에게 기적 같은 일이 생긴다. 평의원 중 한 사람이 그녀가 쓴 글을 읽고 그녀를 대학을 보내기로 결정한 것이다.

조건은 단 하나. 장학금을 주는 조건으로 한 달에 한 번 편지로 무슨 일이 있었는지 보고할 것. 존 스미스라는 가명의 평의원 중 한 사람이 저루샤를 작가로 만들고자 한다. 저루샤는 전화번호부를 보고 그냥 지어진 이름인 저루샤를 버리고 주디라는 이름을 스스로 정한다. 그녀는 4년의 대학 생활을 구구절절 적어 스미스 씨 비서에게 보낸다. 그녀는 97명의 고아원 아이들을 쌍둥이처럼 만들려고 했던 원장의 의도와는 달리 상상력이 유난히 풍부했던 소녀였다. 그녀는 4년의 대학 생활을 통해 작가로 거듭난다. 가난한 고아지만 자신에게 주어지는 교육을 통해 독립적이고 당찬 자아를 지닌 존재로 성장한다. 그녀는 정상적인 교육과 교양 있는 사회로 진입하면서 자기 정체성을 회복한다. 그러면서도 사치와 허영의 세계로 자신을 내몰지 않는다. 여성성을 잃지도 않는다. 그녀는 멋진 옷을 기꺼이 구입한다. 스스로 만들어 입기도 한다. 귀족 친구들과 함께 할 때는 솔직하게 부러움을 드러내기도 한다. 가난해서 부족과 결핍으로 가득 찬 어린 시절의 경험을 갖는다면 대개는 콤플렉스 덩어리가 될 가능성이 많다. 그러나 간혹 드물게 어떤 영혼들은 자신의 열악한 환경을 거뜬히 뛰어넘어 자신이 원하는 지점, 자신이 원하는 존재에 도달하기도 한다. 주디는 바로 그런 인물이다. 자신에 대한 열등감도 없고 상대와 자신을 비교함으로써 오는 열패감도 없다. 그녀는 꾸준히 환경과 교육을 충분히 활용하여 자신다운 존재로 승화된다.

나도 어떤 의미에서 오랜 시간 키다리 아저씨를 기다려 왔구나,를 깨달았던 적이 있다.

'나에게도 이런 키다리 아저씨가 있다면 부지런히 성장할 텐데.'

그것도 30대 중반까지 꽤 오랜 시간, 그런 생각을 하면서 살았던 것 같다. 본격적으로 인문 공부를 하게 되면서 어려서부터 읽었던 책들을 재해석하는 과정으로 진입했다. <키다리 아저씨>도 그렇게 재해석되었다. 아, 어려서 우리가 읽었던 책들이 우리의 정신 속으로 스며들어 나도 모르게 함께 하고 있었구나. 나의 일부가 되어 있었구나. 나는 무의식적으로 삶의 주체적인 존재로서의 '나'가 아닌 누군가의 힘에 의해 견인 받기를 원하고 있었구나. 하지만 그 무의식이 나를 힘들 때마다 위로하고 있었구나. 나의 키다리 아저씨는 책이었구나. 많고 많은 책 숲을 통과하면서 나는 또다른 키다리 아저씨를 끊임없이 만나고 있었구나. 정신의 크기와 볼륨을 키워주는 책. 책은 우리의 마음밭心田에 뿌리는 씨앗이다. 하이데거가 말한다. "씨앗을 뿌리고 싶다면 먼저 밭을 갈아야 한다."고. 책 앞으로 헤쳐 모엿!*

1부_생각의 바다에 빠진 나, 생각을 뒤집는 나

04 자기애, 독일까, 득일까?

문명/ 베르나르 베르베르

〈문명〉의 주인공은 바스테트라는 3살짜리 평범한 암고양이다. 그녀는 자신에 대한 자부심이 대단하다. 하얀 털과 검은 털이 적당히 섞인 젖소 무늬 고양이. 콧잔등에는 하트 모양을 뒤집어 놓은 점이 찍혀 있고 눈동자는 에메랄드빛이 감도는 초록색. 거만한 완벽주의자, 평범함을 못 견뎌 자신을 괴롭힌다. 몇 시간씩 구석구석 털을 고르는 청결 강박증도 있다. 그녀는 자기 관리에 소홀한 지저분한 고양이와는 상종하지 않는다. 그녀는 식탐도 많다. 이런 사소한 결점들을 보완할 장점도 많이 지니고 있다. 민첩하고 유연한 몸을 지니고 있으며 고양이의 특징인 흥미로운 성생활에도 활발하게 반응한다. 독립성이 강하다. 무엇보다 자신을 너무도 사랑한다.

그녀는 말한다.

"자기애가 강한 개인들의 서로에 대한 증오 때문에 수많은 비극이 일어났다고 하지만 난 자기애는 이기주의가 아니라 어떤 존재에게나 필요한 가장 기본적인 생존의 지혜라고 믿는다."

그녀는 스스로 생각해도 멋진 고양이다. 미래에 대한 통찰력과 리더십을 갖추고 평범한 집고양이가 아니라 '스스로 새로운 세상을 설계하고 꿈꾸는 존재'다. 한 마디로 바스테트는 고양이라는 종의 한계,

암컷이라는 한계를 스스로 뛰어넘은 존재다. 그녀에게는 원대한 계획이 있다.

"세상에 존재하는 모든 종種이 서로 소통할 수 있게 만드는 것."

<문명>의 배경은 디스토피아적 세계이다. 테러, 전쟁, 전염병 등으로 인간 문명은 벼랑 끝에 와 있다. 전염병을 옮기는 쥐 떼의 기습으로 바스테트와 고양이들과 사람들은 시테섬으로 피신한다. 제3의 눈을 가진 '티무르'를 대장으로 하는 쥐 떼의 공격에 대비해야 한다. 특공대를 파견하기도 하고 다른 종들과 접촉하기도 하고 도움을 받기도 하는 등 다양한 이야기들이 생동감과 긴장감 넘치게 빠른 속도로 진행된다.

인간과 다른 종들 사이, 그중에서도 고양이인 바스테트의 사유는 이야기에 빠졌다가도 멈춰 서서 다시 한번 곱씹게 만드는 문장들로 정교하게 표현된다.

"해도 그만이고 안 해도 그만인 일이라면 하는 쪽을 택하렴. 했을 때 생기는 최악의 결과라고 해봐야 그걸 하지 말았어야 할 이유를 깨닫는 거니까."

"네 행복이 다른 사람의 결정에 좌우되는 순간 불행은 시작이야."

제3의 눈을 가짐으로써 인간과 대화를 할 수 있게 된 고양이 바스테트의 사유는 곧 베르나르가 우리에게 전하고 싶은 메시지일 것이다.

그는 1991년, 30세에 <개미>를 세상에 내놓았다. 과학잡지에 개미에 관한 글을 발표하다가 그것들에 문학적 생명을 불어넣어 <개미>라는 소설로 탄생시켰다. 120여 차례 개작에 개작을 거듭했다고 한다. <개미>는 무수한 노력과 검증과 관찰의 결과물이다. 베르나르는 자신의 상상력과 과학적 지식을 결합하여 새로운 세상을 창조하기 위해 부단히 노력한다.

30세 이후로 지금까지 30년 동안 그의 관심은 과학적 관심에서 출발한 육안肉眼의 시선에서 심안心眼, 그리고 영안靈眼의 공간으로 확대되어 온 것 같다. 나 또한 육안, 심안, 영안이라는 인간 시선의 흐름에 지대한 관심을 쏟고 있으므로 그의 소설은 유난히 나의 마음으로 쉽게 파고들어 온다. 공명의 크기가 매우 큰 이유이다.

삶과 삶 이후, 죽음이라는 공간에 대한 그의 관심은 <타나토 노트>, <신>, <천사들의 제국>, <죽음>, <기억>, <심판> 등의 책을 통해 일목요연하게 나타나며 그는 소설을 통해 이를 차곡차곡 심화시킨다. 그의 책들은 <베르나르 베르베르의 상상력 사전> 속 세상의 모든 지식들이 다양하게 활용되고 있으며 책마다 <상대적이고 절대적인 지식의 백과사전>을 등장시켜 과학적이거나 이론적인 단상, 그리고 상상력을 극대화시키는 단초로 활용한다. 그의 책을 읽으면 매우 다양한 지식을 습득하는 효과 또한 뛰어나다. 앎은 그를 통해 좌뇌와 우뇌의 결합으로 조화로운 상태에 도달한다.

그는 지식을 건네다가도 그것을 문제적 상황으로 교묘하게 얽어내는 능력이 탁월하다. 몇 줄 사이에 다양한 사건의 단초를 마치 실제로 경험하는 것처럼 세세하게 설명해 놓는다. 작가의 재능은 상상력과 문장력에 있는데 그는 탁월한 상상력으로 이전에는 존재하지 않았던 세상을 마치 눈앞에 존재하는 것처럼 생생하게 펼쳐 놓는다. 이 상상력은 그러나 습득되고 훈련된 결과물이다. 입력되지 않으면 출력이 불가한 것이 물질계의 원리인 것처럼 그의 끝없이 솟아나는 호기심이 숱한 지식의 보고를 만들어내고 이것들이 융합하여 새로운 세상을 만들어내는 것이다.

베르베르의 책을 읽고 몰입하다가 책을 덮을 때가 되면 그가 속삭인 세상들이 독자들의 머릿속으로 고스란히 옮겨간다. 그리하여 베르베르와 독자인 우리는 기억을 '공유'하게 된다. 말하자면 '같은 것을 경험한' 사람이 되는 것이다.

문학적 체험이 중요한 이유가 바로 여기에 있다. 책 속에서 살고 있는 어마어마한 세상들이 책을 펼치는 순간 파노라마처럼 고스란히 우리의 머릿속에서 만화경으로 펼쳐진다. 풍경들과 느낌들, 체취들과 상황들은 마치 우리가 실제로 경험한 것 같은 기시감을 형성하고 그것은 우리의 뇌에서 하나의 기억으로 저장된다. 이 기억들은 내가 경험한 것과 책이나 영화 등을 통해 경험한 가상 현실이 복합적으로 얽혀 새로운 나를 형성한다. 문학적 경험이 한 인간의 생에서 매우 소중한 것은 바로 이 수많은 경험과 체험을 통해 만들어지는 새롭고 다양한 나, 때문이다.

　〈문명〉 속 암고양이 바스테트를 만나는 순간, 우리의 머릿속으로 바스테트가 들어온다. 그리고 향후 우리의 뇌리에 늘 시도 때도 없이 등장할 것이다. 현실적으로 말하는 고양이, 생각하는 고양이는 불가능하지만 문학작품의 상상력은 무엇이든 가능하다. 우리는 물질세계와 정신세계에 동시에 발을 디디며 살고 있다. 따라서 우리의 머릿속에서 상상되는 것들은 물질세계의 현실과 나란히 걸으며 우리에게 끊임없이 질문을 던진다. 무엇보다 그리고 누구보다 자신을 너무 사랑하는 바스테트. 미래에 대한 통찰력과 리더십을 갖추고 스스로 새로운 세상을 설계하고 꿈꾸는 존재인 바스테트의 자기애는 자신만을 위한 것이 아니라 세상에 존재하는 모든 종種들과 소통하기 위한 멋진 도구이다. 나의 자기애는 어디를 향하고 있는지 곰곰.*

05   이 광대한 세상에서 나는 초라한 존재일까?

노인과 바다 / 어네스트 헤밍웨이

나는 〈노인과 바다〉를 다시 꺼내 읽고 있다. 단편소설에 나오는 등장인물은 두 사람이다. 늙은 어부 산티아고와 어린 소년 마놀린. 산티아고는 84일째 고기 한 마리 낚지 못했다. 그의 운이 다한 것이라고 사람들은 생각한다. 하지만 산티아고는 포기하지 않는다.

어린 소년 마놀린은 산티아고에게 고기 잡는 법을 배웠다.

"처음 저를 배에 태워 주셨을 때 제가 몇 살이었죠?"

"다섯 살이었지."

노인은 야위었고 꺼칠했으며 목덜미에는 주름이 깊게 잡혀 있다. 그의 두 볼에는 양성 피부암의 반점들이 있다. 그 반점들은 그의 양쪽 뺨 저 아래까지 내리덮고 있으며, 그의 두 손에는 낚싯줄에 걸린 묵직한 물고기들을 다루느라 생긴 깊은 상처가 있다. 상처들은 물고기가 살지 않는 사막의 침식만큼이나 해묵은 것이다. 그를 이루고 있는 것들은 낡았으나 다만 그의 두 눈은 바다와 같은 빛이었고, 밝고, 패배를 모르는 눈빛이다.

산티아고와 소년은 맨발로 걷는다. 노인이 지닌 것은 참으로 소박하다. 함께 고기를 잡던 소년은 이제 산티아고와 바다에 나가지 못한다. 그의 아버지가 운이 다한 살라오(운수가 끝장나 최악의 불운을 맞는다는 뜻의 스페인어*)인 산티아고와 소년을 떼어놓았다. 하지만 소년은 늘 산티아고를 정성껏 챙긴다. 함께 이야기를 나누고 카페에 가서 커피와 먹거리를 가져다주고 미끼로 사용할 정어리를 구해다 준다. 노인의 옷은 깁고 깁어서 더이상 깁을 곳이 없을 만큼 낡았다. 산티아고는 잠들기 위해 침대로 올라가 바지를 벗어 둘둘 말아 베개를 만들고 신문지를 그 속에 넣는다. 담요로 몸을 감고 다른 헌 신문지들 위에서 몸을 굴리며 잠이 든다. 그는 늘 꿈을 꾸었다. 소년이었을 때 보았던 아프리카의 긴, 눈이 시리도록 하얀 모래밭, 그 해변을 늘 꿈꾸었다. 그리고 해변을 거니는 사자들을 꿈꿨다. 사자들은 고양이들처럼 노닐었고 산티아고는 소년을 사랑하듯 사자들을 사랑했다. 신새벽에 깨어난 노인은 맨발로 걸어 내려가 마놀린을 깨우고 먼바다로 나갈 준비를 한다. 새벽녘 바다로 나간 산티아고는 가만히 노를 저어간다.

'난 낚싯줄을 정확하게 드리울 줄 알지. 단지 난 이제 운을 더이상 타지 못하고 있어. 하지만 누가 알아. 어쩌면 오늘은 걸릴지도 몰라. 매일 매일이 새날이니까.'

그는 패배할지언정 도전하기를 멈추지 않는 영혼이다. 두려워서 시작조차 하지 못하는 영혼들이 보기에 그는 불도저 같은 영혼이다. 바다는 그의 일터이며 그의 삶 자체다.

그러나 삶은 녹록치 않아 평생 어부로 살아온 그에게 남아 있는 것은 배 한 척과 바다와 마놀린 뿐이다. 산티아고는 바다로 나아가 자주 혼잣말을 한다. 마놀린과 고기잡이를 할 때는 과묵했던 그였다. 이제 마놀린이 없으니 그는 혼잣말을 한다. 군항새, 부유생물, 녹색 거북, 대모 거북들을 만난다. 그는 다랑어를 잡았다. 미끼로 쓸 요량이다. 마놀린이 준비해 준 정어리와 다랑어. 좋은 먹이가 준비되었다. 오늘은 아무것도 잡지 못한 지 팔십오 일째 날이다. 산티아고는 점점 더 먼 바다로 나아간다. 이제 곁에는 그와 눈을 마주칠 어떤 것도 존재하지 않는다. 그가 바다에 던져놓은 낚싯줄이 당겨진다. 무언가 단단하고 믿을 수 없을 만큼 묵직한 것이 낚싯줄을 당기고 있다. 드디어 산티아고와 커다란 물고기가 만나는 순간이다.

"이건 참 굉장한 놈이구나!"

물고기는 미끼를 문 채 도망치기 시작한다. 물고기는 산티아고의 배보다 더 길다. 산티아고는 미끼를 문 물고기가 지향하는 방향을 따라 낮을 보내고 밤을 보내고 다시 아침을 맞는다. 그러면서 자주 입버릇처럼 되뇌인다.

"그 애와 함께 있다면 얼마나 좋을까. 도움도 받고 이걸 보여줄 수도 있었을 텐데."

그는 망망대해에서 하바나의 불빛과 멀리 떨어져서 물고기와 대적하면서 고독으로 점철된 시공간을 오직 스스로와 대화하고 생각하는 일을 멈추지 않는다. 물고기가 점점 힘을 잃어가며 뱃전으로 가까이 다가오자 산티아고는 죽을힘을 다해 작살을 들 수 있는 데까지 높이 쳐들고, 물고기의 큼직한 가슴지느러미 뒤쪽 옆구리를 내리쳤다.

'그는 그의 모든 고통과 남은 힘, 그리고 오래전에 잃어버린 자존심을 다 합친 뒤, 그것으로 물고기와 맞섰다.'

그는 정신이 명료해지자 죽은 물고기를 뱃전에 연결하는 작업을 한다. 이제 그가 포획한 물고기를 하바나까지 운반해야 하는 임무가 남겨졌다. 어찌 되었을까? 산티아고가 물고기를 공격할 때 흘린 피가 상어들을 불러들인다. 상어 떼는 한 마리 혹은 두 마리, 산티아고가 쉴 새 없이 달려와 물고기의 살을 물어뜯는다. 결국 산티아고가 사흘 만에 하바나 항구에 도착했을 때 그에게 남겨진 것은 거대한 꼬리가 달린 물고기의 등뼈뿐이었다. 이것은 결국 산티아고의 패배일까? 최선을 다하여 목적지에 도착했으나 다시 출발하여 새로운 목적지에 도착하니 그의 손에 아무것도 남아 있지 않은 것은? 사투를 벌이고 돌아온 산티아고는 깊은 잠속에 빠져들고 그의 곁에는 마놀린이 앉아 그를 지켜보고 있다.

'산티아고는 사자의 꿈을 꾸고 있다.'

1899년, 지구별에 도착한 헤밍웨이에게 노벨문학상과 퓰리처상을 선물한 <노인과 바다>다. 삶이 이처럼 망망대해에 홀로 남겨진 듯 느껴진 적은 없는가? 이 삶을 어찌 살아야 할지 참으로 막막한 적은 없는가? 자연의 위대함, 포기하지 않는 인간, 삶이라는 경험.*

06 난 살아갈 뿐인데, 내 발자취는 남을까?

압록강은 흐른다/ 이미륵

〈압록강은 흐른다〉를 다시 읽기 위하여 북카페를 종일 뒤졌다. 책은 이중으로 전시된 책장 안쪽에 있어서 더욱 찾기 힘들었다. 하지만 몇 년마다 읽고 읽기를 거듭했던 책이었으므로 다시 만나니 반가웠다. 몇 시간 동안 책 한 권을 찾기 위해 북카페를 뒤질 때마다 조금씩 정리가 된다.

카프카의 책을 찾으면 카프카가 모여 있는 곳으로 이동시킨다. 베르나르의 책을 찾으면 함께 놓아둔다. 메인 책장 오른편에는 시집들이 옹기종기 모여 있다. 온종일 시를 필사할 때가 있었다. 500여 권의 시집을 도서관에서 빌려서 통필사를 했고 신춘문예 시집을 해마다 사서 쓰고 또 썼다. 그 모든 작업은 헛되지 않았다. 고스란히 손가락이 기억하고 머리가 기억할 테니까. 경험이 우리의 뇌를 새롭게 바꾼다고 뇌과학자들이 말한다. 새로운 경험들이 늘어날수록 뇌는 새로운 방식으로 자신을 재조정한다.

표지를 넘겼다. '1993년, 11월, 9일, 현재'. 지금은 '2022년 6월, 현재'이다. 늘 지금, 여기를 사는 우리들의 '현재'는 지금도 진행형이다. 시간의 무심함이 느껴진다. 시간의 장구함도 느껴진다. 내가 이 글을 읽었던 1993년은 그래도 오랜 과거가 아니다. 이미륵이 조선 시대라는 동양의 한 공간에서 독일이라는 낯선 곳에 정착하고 그것을 글로 남겨놓았다는 것은 당대에도 대단한 사건이었겠지만 서양과 동양이 기계문명에 의해 가까워진 21세기 지금 조명하여도 이미륵이라는 존재의 삶은 대단히 역동적이다. 표지를 열고 둘째 장, 첫 사진은 '박사 학위 받던 해의 이미륵'이 실려 있고 때는 1928년이다. 근 100년 전의 이야기인 것이다.

표지 날개에는 "독일에서 생활하면서 자기의 두 생활권과 성장 과정을 그린 자전적 소설이다. 장기간 유럽 생활에도 동양의 전통적 미덕과 한국의 사상을 우아한 스타일로 서구 기계주의 문명에 투입시켰다"라고 쓰여 있다. 맞다. 그의 유년 시절 이야기를 듣고 있으면 '우아하다'라는 느낌을 받는다. 다섯 살인 미륵은 함께 자란 다섯 살 반, 사촌형 수암을 기억한다. 한문책을 공부하던 고통스러운 기억으로 책의 서두를 연다. 아버지는 '공명심이 많은 사람으로 이미 죽은 아우의 아들, 수암에게 그처럼 어려운 한문을 일찍부터 가르치기 시작했다.'

수암과 미륵은 어릴 때 동무로 늘 함께 놀고 식사도 같이하고 어디든 함께 다녔다. 미륵에게 누이가 셋, 수암에게 누이가 둘이어서 일곱 명의 아이가 있었고 방 소제며 아기 돌보는 일, 잡다한 일을 하는 하녀인 구월이까지 있었지만 남녀가 유별하여 함께 놀지 못했다. 둘은 온갖 놀이를 하면서 서로가 되어 갔다. 무더운 날이면 옷을 훌렁 벗어 던지고 알몸으로 뛰어다녔다. 수암은 굴뚝을 만들기도 하고 잠자리채 만드는 법도 가르쳐 주었고 풍뎅이로 재밌는 놀이도 가르쳐 주었다. 수암은 못하는 게 없었다. 다섯 살 미륵은 울타리 옆 봉선화와 채소밭의 오이, 참외, 호박의 흰 꽃과 노란 꽃도 보았다. 그는 원형으로 지어진 본채가 방이 여섯 개고 부엌과 마루가 있었고 중간 뜰이 있고 여자들이 기거하는 안마당이 있다는 사실을 기억했다. 화분들과 오리 집과 비둘기장도 기억했다. 이 책을 읽으면서 놀라웠던 것들이다. 다섯 살짜리 아이가 지닌 저토록 선명한 기억이 놀라웠다. 나의 기억을 더듬어 보았다.

나의 경우, 태어나 최초의 기억은 언제일까. 언니가 신작로에서 업어주던 기억, 아이스께끼 장사 아저씨 앞에서 아이스께끼를 받아먹던 기억, 엄마랑 시장에 갔다가 호기심에 엄마를 놓쳐버리고 직진하다 파출소에서 엄마를 만났던 기억, 여닫이문이 있던 텔레비전 앞에 서서 할머니와 할아버지 앞에서 노래를 불렀던 기억(하지만 어떤 노래를 불렀는지는 기억에 없다), 따뜻한 햇살을 받으며 마루 아래 바닥에 앉아 공기놀이를 했던가, 하는 것을 보았던가 했던 기억, 건빵이 간식이었는데 조그마한 뜨개질로 만들어진 주머니에 건빵을 빼내어 먹던 기억, 이미자의 동백 아가씨가 흘러나오던 까만 디스크가 늘 돌아가던 엄마의 방, 마당에 펌프 수도가 있었는데 그 앞에서 닭을 잡는다고 어른들이 모여 목을 땄는데 목이 없는 줄도 모르고 마당 끝까지 갔다가 다시 돌아오던 닭의 움직임 등이 떠오른다. 이것들은 분절적이어서 깜박깜박 불빛이 명멸할 때마다 새로운 화면으로 바뀌는 만화경 같다.

11살이 된 미륵은 신식 학교에 가게 된다. 한자에 익숙해서 탐탁치 않았지만 가족들이 상의 끝에 결정했다. 그는 학교에 갔고 첫날을 소상하게 기억했다. 그는 교장 선생님을 만났고 책과 가방과 연필을 받아왔다. 시계가 있느냐고 묻는 선생님과 시계가 없다고 말하는 미륵이 있었다. 한자 문화에 익숙한 미륵에게 선생님 말씀은 이해되지 않는 것들이었다. 지금까지 그가 익숙했던 모든 것들과 변별되는 낯선 환경과 낯선 공부와 낯선 교육에 미륵은 무서운 느낌도 들었다. 하지만 점차 학교에 익숙해져 갔고 신식 학교에 다니도록 학생들을 찾아다니는 일도 친구와 함께했다. 그는 한문 세계에서 수학, 과학, 세계사의 세상으로 나아갔다. 죄 없는 백성을 수탈하는 일본이라는 나라의 포악과 전쟁통의 혼란스러움도 경험했다. 우리나라가 일본에게 합병당하고 마지막 조선 왕조가 물러나는 모습도 지켜보았다. 그는 자연과 우주에 관해 연구하고 지혜의 오솔길을 따라가는 참된 교양인이 사는 곳인 신세계 유럽이라는 장소를 점점 마음에 담기 시작했고 어떻게 하면 그곳에 다다를 수 있을지 곰곰이 생각하기 시작했다.

그는 유럽을 향하여 길을 떠났다. 기차가 어떻게 생겼고 어떻게 타는지, 어떤 언어를 그들이 사용하는지, 유럽에서도 돈이 통용되는지에 대해서 모르면서도 그의 마음은 유럽을 향해 가기 시작했다.

미륵은 영어, 화학, 물리, 수학, 서양사를 배웠고 서울 의학전문학교에 합격했다. 나라를 빼앗긴 설움의 한 민족으로서 한일합방에 대한 분노가 전국에서 떨쳐 일어났다. 독립선언서가 만들어지고 각양각색의 삐라가 휘날리고 만세 행진이 이어졌다. 미륵도 행진 대열에 참가했다. 민족 봉기가 바람이 되어 대도시에서 소도시로 장터와 마을로 전파되고 수많은 사람들이 감옥에 갇히게 되자 어머니는 미륵에게 압록강을 건너 도망쳐야 한다고 간곡하게 부탁한다. 어머니는 미륵에게 가벼운 양복과, 줄이 달린 회중시계, 돈뭉치가 든 버드나무 고리를 준다. 다른 세계로의 여행을 떠나는 그가 지닌 전부였다. 그는 떨리는 마음을 안고 목숨을 걸고 압록강을 건넜고 새로운 세상에서 이미륵의 삶을 이어갔다.

어머니가 미륵에게 말씀하셨다.

"너는 종종 용기를 잃기도 했지만 너의 길을 걸어왔다. 나는 너를 크게 믿는다. 용기를 내어라. 우리가 다시 만나지 못한다 해도 내 생에서 너는 정말 많은 기쁨을 주었다. 자, 애야! 이젠 너 혼자서 너의 길을 가거라."

상상해본다. 20대의 청년이 태어나 처음 걷는 중국 거리를, 프랑스 거리를, 이탈리아 거리를, 독일의 거리를. 나라 잃은 서러움을 지닌 한 청년이 세계인이 되어가는 와중에 얼마나 외롭고 고독하고 불안하고 고통스러웠을까에 대하여. 아마 그가 그 긴 여정을 넘어 자리를 잡지 못했다면 그는 역사의 일부가 될 수 있었을까. 그가 이국의 땅들을 건너 자립할 수 있게 도와준 숱하게 많은 도움의 손길들이 없었다면 그는 독일이라는 낯선 나라에서 생존할 수 있었을까. 참으로 신비한 지구별여행이다. 나는 혼자서는 결코 존재할 수 없다. 나의 지금은 셀 수도 없는 사람들의 조력이 있었기 때문에 가능한 기적의 시공간이다. 역사는 흐른다. 그 속에서 나 또한 흘러간다. 복수의 나, 우리의 역사를 위하여.*

07 '생각에 빠진 나'에서 '생각을 뒤집는 나'로!

연금술사/ 파울로 코엘료

"사람들 대부분은 이 세상을 험난한 그 무엇이라고 생각하지. 그리고 바로 그 때문에 세상은 험난한 것으로 변하는 거야."

파울로 코엘료는 1947년, 지구별에 도착했다. 세 번이나 정신병원에 입원했고 록 밴드를 결성하고 연극도 하고 히피문화에 푹 빠진 청년기를 보냈다. 급진적인 만화 잡지를 창간, 브라질 군사정권에 의해 수감 되어 고문도 당했다. 40세에 산티아고를 걸었고 <순례자>를 시작으로 문학 세계로 진입한다. 41세에 <연금술사>로 세계적인 작가의 반열에 오른다.

<연금술사>는 '자아의 연금술'에 관한 이야기이다. 그러나 연금술이 '자아'를 향하기까지 그는 쇠를 금으로 변하게 하고, '불로장생의 묘약'을 발견할 수 있다는 연금술에 미친 듯이 몰두했다. 그는 연금술사들을 찾아다녔고 연금술에 관한 책들을 읽었다. 26세에 그는 '에메랄드 판'을 테마로 실험 연극을 만들기도 하고 지독한 회의와 고통의 시간으로 영혼의 유배기를 지나기도 했다. 그러다 그는 절망의 밑바닥에서 비로소 '신의 음성'에 귀를 기울이게 된다.

"우리가 마음 깊이 거부하는 것이야말로 마침내 우리가 받아들여야 할 것이었다. 우리는 스스로의 운명으로부터 벗어날 수 없으며, 그 많은 시련과 시험에도 불구하고 신의 손길은 언제나 한없이 자애롭다."

그는 이 깨달음에 이르러 〈연금술사〉를 썼다.
34세 무렵, 파울로가 가야 할 운명의 길을 깨닫게 해 준 스승을 만난다. 그는 스승에게 왜 연금술의 언어는 모호하고 그토록 어려운가 질문한다. 스승이 말한다.

"연금술사는 세 부류가 있네. 연금술의 언어를 이해하지 못하고 흉내만 내는 사람, 연금술의 언어는 머리가 아닌 가슴으로 따라가야 하는 사실을 알고 좌절해 버리는 사람, 그리고 연금술이라는 말을 한 번도 들어본 적이 없음에도 불구하고 연금술의 비밀을 얻고, 자신의 삶 속에서 '철학자의 돌'을 발견해내는 사람."

내가 파울로의 〈연금술사〉를 처음 읽었을 때는 대학생이었다. 첫 느낌은 '재미있다' 정도였다. 두 번 읽고 세 번 읽으면서 나의 생물학적 시간도 함께 흘러갔다. 그리고 지구별에 도착한 지 40년쯤 되었을 때, 다시 읽은 파울로의 〈연금술사〉는 천둥처럼 머릿속에서 반짝! 뇌성을 쳤다.

"아, 그렇구나! 우리의 삶을 이루는 하루하루는 그저 그런 하루하루가 아니었구나. 엄청난 깨달음의 공간이었구나. 일상이 우리에게 주어지는 것은 저마다의 의미가 촘촘히 숨겨져 있기 때문이로구나. 그 사실을 이제야 알게 되었구나."

일상은 고도의 상징이다. 우리가 이 몸을 입고, 이 얼굴로, 이 이름으로, 이러저러한 환경에 처하여 살아가고 있는 이유는 무엇인지 질문해 본 적이 있는가? 우리는 그저 살기 위하여, 그저 편안하고 안전하게 살기 위하여 이 생을 살아내고 있는 것이 아니다. 우리는 지구별 여행자다. 우리에게 주어진 이 조건condition이야말로 고도의 상징이다.

파울로가 말한다.

"상징의 언어란 만물의 정기, 또는 융이 말한 집단 무의식에 도달하는 유일한 방법임을 나는 이제야 이해했다. 자아의 신화, 그리고 그 '단순함' 때문에 받아들이기를 거부했던 신의 '표지milestone'도 알게 되었다. '위대한 업'은 하 루 아 침 에 이 루 어 지 는 게 아 니 었 다. 그것은 하루하루 <자아의 신화>를 살아내는 세상 모든 사람 앞에 <조용히> 열려 있었다."

양치기 산티아고는 신학교를 나와 몇 년 동안 양을 치며 안달루시

아 지방을 돌아다니고 있다. 양이 뜯어먹을 풀들을 찾아다니는 것이 그의 일이다. 그는 양 떼를 데리고 해 질 녘, 버려진 낡은 교회 안으로 들어선다. 지붕은 무너지고 성물 보관소 자리에 커다란 무화과나무 한 그루가 서 있는 곳. 그는 지난주와 똑같은 꿈을 꾸다가 꿈이 채 끝나기도 전에 잠에서 깨었다. 그리고 일 년 전, 양 떼를 이끌고 찾아갔던 가게에서 만난 소녀를 떠올린다. 그는 지금 그녀를 찾아가는 중이다. 하지만 그는 소설 끝까지 그녀를 만나지 못한다. 예언을 들었기 때문이다. 그는 오로지 물과 먹이 이외의 다른 것을 구하지 않는 양들을 돌보는 양치기다. 하지만 예언을 들은 뒤 그는 양을 팔고 이집트로 향한다. 소녀도 만나지 못한 채.

이집트에 도착하는 순간, 그는 양 판 돈을 몽땅 잃어버리고 크리스탈 가게에서 일하면서 예언을, 꿈을 잊어버리고 일상의 삶에 안착한다. 그에게 예언을 한 사람은 집시 노파와 살렘의 왕이다. 살렘의 왕은 산티아고가 〈자아의 신화〉를 이룰 수 있는 영혼임을 산티아고에게 알려준다.

"우리들 각자는 젊음의 초입에서 자아의 신화를 깨닫게 되지. 젊어서는 모든 게 분명하고 가능해 보여. 하지만 시간이 지나면 점점 흐릿해지고 알 수 없는 어떤 힘이 신화의 실현은 불가능하다고 알게 해주지. 하지만 바로 그 힘이, 신화의 실현을 불가능하다고 속삭이는 그

힘이 우리의 정신과 의지를 단련시켜준다네. 이 세상에는 위대한 진실이 하나 있어. 무언가를 온 마음을 다해 원한다면, 반드시 그렇게 된다는 거야. 무언가를 바라는 마음은 곧 우주의 마음으로부터 비롯된 것이기 때문이지. 그리고 그것을 실현하는 게 이 땅에서 자네가 맡은 임무라네."

산티아고는 양 판 돈을 몽땅 잃어버리고, 크리스탈 가게에서 돈을 충분히 벌었지만, 사막을 건너면서 자신이 벌었던 것들을 다시 몽땅 빼앗긴다. 그리고 험난한 여정의 끝, 피라미드에서 마지막 지니고 있던 모든 것을 빼앗기지만 바로 그 순간, 자신의 것을 빼앗아 가는 무리의 우두머리로부터 마지막 표지milestone를 듣는다. 고통 속에 숨어 있는 '표지'를 알아차리는 것, 일상 속에 '숨겨진 표지milestone'를 알아차리는 것, 그것이 깨달음이다. 그것이 도약이다. 소설의 첫 장, 산티아고가 양 떼를 몰고 도착했던 곳, 쓰러져가는 폐허의 교회, 그리고 무화과 나무. 시작과 끝은 이렇게 아름답게 맞물린다. 산티아고는 다시 폐허의 교회, 무화과 나무에 도착하기 위하여 그 멀고 험난한 여정을 경험해야만 했던 것이다.

"꿈을 되풀이해서 꾸었다고 해서 사막을 건널 바보는 없어!"

바로 이 한 문장 속에 파울로가 말하고 싶은 간절한 의미가 모두

들어 있다. 꿈꾸는 자가 되어야 한다. 꿈꾸지 않으면 삶은 하릴없이 늙어가고 낡아갈 일밖에 없다. 그러한 삶, 굳이 살 이유가 없지 않은가. 꿈꾸는 영혼은 늙지 않는다. 꿈은 날개다. '꿈을 꾸었던 자리'가 꿈을 이루는 자리다. 꿈꾸는 자가 오는 도다.*

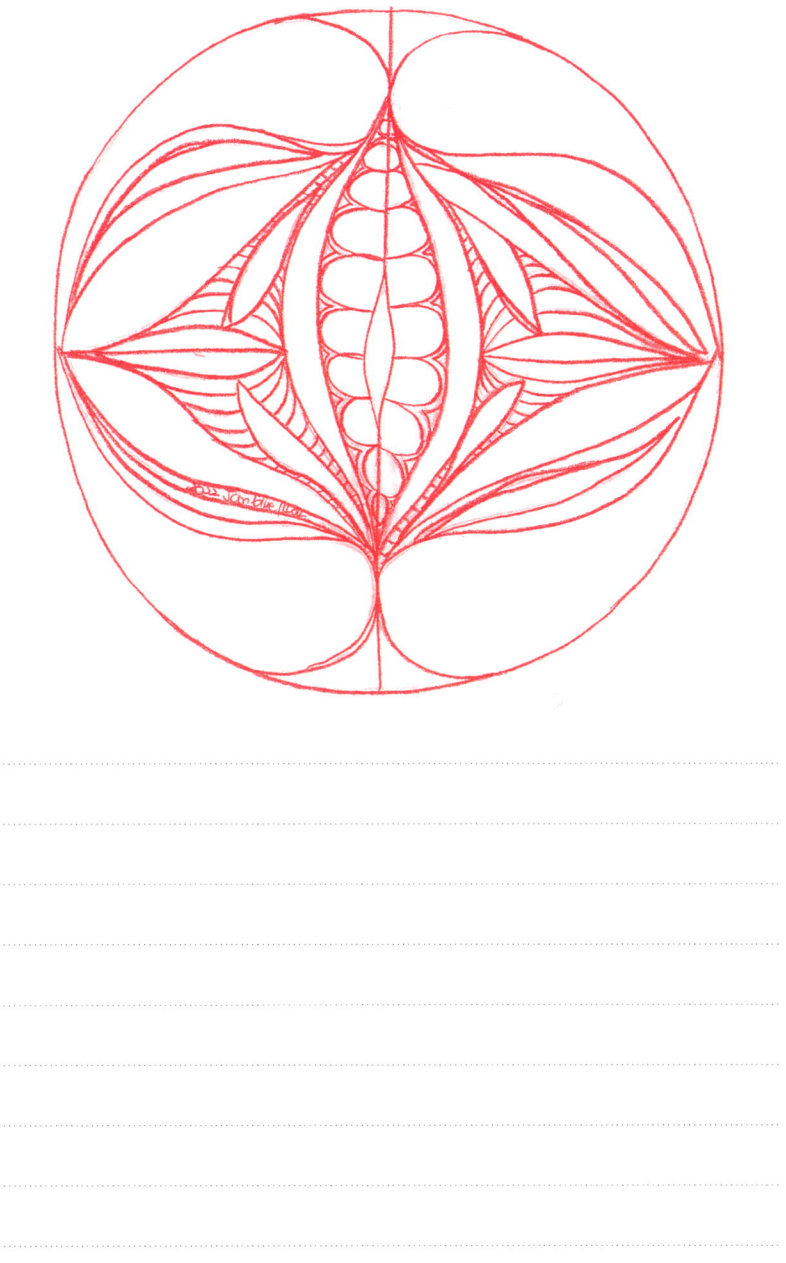

1부_생각의 바다에 빠진 나, 생각을 뒤집는 나

나의 감성을
깨우는
책한권의 힘

… # #2부 | 너, 나를 비추는 또 다른 모습

08 분리된 자아, 내 환상은 극복되어야 할 무엇일까? ········· 076
〈황야의 이리〉 헤르만 헤세

09 내 속의 분노, 삶의 의지일까?! ········· 084
〈분노의 포도〉 존 스타인벡

10 삼각관계, 무거움일까, 가벼움일까?! ········· 090
〈참을 수 없는 존재의 가벼움〉 밀란 쿤데라

11 Only you는 유통기한이 있을까? ········· 098
〈젊은 베르테르의 슬픔〉 요한 볼프강 폰 괴테

12 누구나 볼 수 있는 달, 넌 6펜스 가지고 갈 수 있어?! ········· 106
〈달과 6펜스〉 서머셋 모옴

13 주장과 경청 사이, 넌 들을 귀가 있니? ········· 112
〈모모〉 미하엘 엔데

14 타임리스timeless, 그 시대의 옷은 나에게 어울릴까? ········· 120
〈설공찬이〉 김재석

08 분리된 자아, 내 환상은 극복되어야 할 무엇일까?

황야의 이리/ 헤르만 헤세

"인간이란 이미 창조되어 있는 것이 아니다. 그것은 정신의 요구이며, 그 실현을 갈구하면서도 또 겁내는 하나의 먼 가능성이다."
1927년, 헤세가 50세에 썼던 〈황야의 이리〉가 1960년대 말, 미국 샌프란시스코 대학 서점가에서 문고판으로 출간된다. 그런데 놀랍게도 출간 한 달 만에 36만 부가 팔리는 진기록을 남겼다고 한다.

월남전이 한창이던 불안정한 한 시대, 유럽에서는 68 학생운동 세대들에게, 그리고 히피들에게는 〈성경〉처럼 읽혔다는 〈황야의 이리〉.

필자가 이 책을 처음 읽었던 때는 중학교 3학년 때. 당시는 시대적, 역사적 상황 인식도 없었고 헤르만 헤세의 고뇌와 절망조차 알지 못했다. 다만 책 속에 들어 있는 이야기만으로 충분했던 시절이었다. 시간이 흘러 책을 다시 펼칠 때마다 조금씩 다른 색깔로 느껴지는 다양한 빛깔의 울림.

문학적인 흐름에서 〈황야의 이리〉는 '휴머니즘적 반전사상, 교양을 지녔다는 속물들에게 정면으로 퍼붓는 비난, 서양 문명 몰락에 대한 묵시록적인 경고, 기존의 위선적인(시민사회라는 이름의) 생활 방식에 대한 저항, 환각(당시 정치와 시대와는 무관하게 텅 빈 정신세계를 지향했던, 아니, 무관하다기보다는 고통으로부터 회피하고자 했던 히피문화)이라는 신비로운 세계의 형상화' 등으로 문명과 전쟁과 기성 질서에 대항하는 젊은 청춘의 의식의 흐름을 반영한 책이다. 헤세가 겨냥했던 문제의식을 당대 청춘들이 온전히 인식하였던가는 중요하지 않다. 또한 수십 년이 흘러 21세기 한 켠, 독서력이 부재하고, 책을 펼치지 않는 지금, 여기에서 <황야의 이리>는 당대 청년들이 피부로 느꼈던 절망에 비해 너무도 멀리 떨어진, 망연한 이야기일지도 모른다.

그러나 어느 시대에도 우리는 '지금, 여기'를 살면서 온몸으로 삶을 앞으로 밀고 나아가야만 한다. 몸뚱이와 정신을 분리시킬 수 없는 것이 인간의 한계이며 주어진 조건이라고 볼 때 <황야의 이리>를 차분히 읽고 있으면 정신세계를 향한 헤세의 치열한 도전정신이 간절하게 읽힌다. 말하자면 인간이란 아무리 큰 틀을 이야기하는 역사적 존재라 하더라도 결국은 자기 자신에게로 회귀하게 되어 있다는 측면에서 지극히 개인적인 존재이다. 헤세는 그런 '인간'이라는 존재의 내적 공간을 집요하게 탐험했다. 의식과 무의식의 세계를 넘나들면서 인간의 신비를 들여다보았다.

헤세는 제1차, 2차 세계대전을 겪었다. 두 차례의 세계대전은 인류의 정신세계를 황폐하게 만들었다. 위기, 절망, 붕괴 등의 단어가 그들의 정신세계를 차지했다. 1900년, 프로이트가 <꿈의 정신분석>을 통해 무의식의 세계를 발견, 우리에게 선물한다. 융은 프로이트의 제자로 집단 무의식을 발견한다. 니체는 인간 존재와 신에 대한 성찰을 중심으로 실존주의를 발전시킨다. 제1차 세계대전의 참화로 신에 대한 절망, 인간성에 대한 불신과 회의와 함께 실존주의가 수면으로 떠오르고 실존주의 철학자 니체의 르네상스가 도래한다. 헤세의 작품 속에는 프로이트가, 칼 구스타프 융이, 니체가 살아 숨 쉬고 있다. 평론가들은 <황야의 이리>는 당대의 염세적 역사관, 비극적 인생관, 허무주의적 문명 비판, 이성보다는 직관을 우위에 두는 태도 등 당시의 정신적 경향들을 고스란히 드러낸 작품이라고 말한다.

이 책을 처음 읽으면 그의 다양한 무의식적 표현과 비현실적인 상황들이 카오스(혼돈)적으로 비친다. 서머셋 모옴의 <달과 6펜스>에서 달은 화가의 이상을, 6펜스는 절망적이었던 현실을 대비시킨 비유라면 헤세의 <황야의 이리>는 시민사회에 적응하려는 '인간'과 내면의 복잡다단하면서도 부조리한 현실로부터 도피하려는, 자유를 구가하는 '이리'를 이분법적으로 분리한 비유이기도 하다. 헤세는 말한다. 이러한 단순한 이분법적인 도식은 사실은 불가능하다고. 책 속에서도 <황야의 이리론>은 소박한 이원론에 지나지 않으며 인간의 심리는 무한한 '다원적 존재'임을, '천 개의 영혼'을 지니고 있음을 피력한다.

'사상과 감정과 문화와 잘 길들어진, 승화된 본성의 세계'와 '충동과 야성, 잔인함과 어둠, 승화되지 않는 거친 본능의 세계'가 인간의 내면에는 공존하고 있다. 또한 이 두 존재만이 아닌 수백 수천의 다양한 내면의 '나'가 존재하고 있다.

할러는 자신을 정신적인 인간이라고 생각한다. 정신적인 인간은 현실을 고향으로 삼지 못하고 현실에 낯설어하고 적대한다. 파블로는 악사다. 할러가 모차르트의 질서와 우아함을 선호할 때 파블로는 장남감 트럿펫도 신나게 불어대고 칭찬과 초콜릿에 금방 즐거워하는, 할러가 보기에 '아무 생각 없이 만족해하는 어린애'와 같다. 그는 할러처럼 음악 이론이 필요한 것이 아니라 음악 자체를 연주함으로써 사람들을 즐겁게 하는 것으로 충분히 만족한다. 그는 사람들에게 아름다운 꿈을 꾸게 하고, 행복한 기분이 들게 하고, 사랑의 비약을 느끼게 해주려고 한다. 파블로는 정교한 트럼펫을 불어 교양과 질서 가득한 음악을 들려주기보다 사람들의 다리를 움직이고 피를 관류시키고 사람들이 눈빛을 반짝거리고, 다리를 실룩거리고, 얼굴에 화색이 돌게 하는 것으로 만족한다. 파블로는 할러를 '마술극장'으로 안내한다. 마술극장에서 할러는 무수한 모습의 자신을 만난다. 위엄 있는 할러, 우스운 할러, 성장을 한 할러, 누더기를 걸친 할러, 완전히 발가벗은 할러, 머리털이 하나도 없는 할러, 모든 모습의 할러를 만난다. 둥근 복도에 수없이 많은 문이 있고 문 앞에는 수없이 많은 글귀들이

씌어 있었다.

<황야의 이리> 인간인 할러가 '마술 극장'을 통해 다양한 자아의 분열을 경험하는 모습을 보면 일견 낯설기도 하지만 어쩌면 '우리 안의 나'와 대면하는 것일 수도 있다. 이 다양한 자아의 분열은 칼 구스타프 융의 다양한 원형적 심리 형상들을 드러낸다. 그러나 바로 할러의 자아 경험 장소인 이 '마술 극장'이 바로 '유머 학교'여서 할러의 내면 연상이 고통으로 뒤틀리는 것이 아니라 그 자유로운 흐름에 몸을 맡김으로써 자신과 면대면할 수 있는 장소로 활용하게 하는 과정을 읽고 있으면 헤세의 문학적 천재성을 엿볼 수 있다.

"우리의 삶은 본능과 정신 같은 두 개의 극단 사이between에서 흔들리는 것이 아니라, 수천의, 무수한 쌍의 극단 사이between에서 <진동>하고 있다"고 헤세는 말한다. 그래서 이러한 내면의 극단적 갈등을 극복하기 위해 내면의 본원적인 다원성으로 직진해 들어가거나 아니면 유머의 세계를 배우기를 권면한다. 유머를 통해 웃음을 배워 자아의 분열을 극복하고 '비로소 인간'에 이르기.

소설의 마지막 문장이다.

'언젠가는 장기 말놀이를 더 잘할 수 있겠지. 언젠가는 웃음을 배

우게 되겠지. 파블로가 나를 기다리고 있었다. 모차르트가 나를 기다리고 있었다.'

헤세는 절망적인 시대 상황 속에 놓인, 분리된 자아에 고통스러워하면서도 결코 자기 극복 과정을 포기하지 않았다. 그가 <황야의 이리>를 쓴 궁극적인 이유이기도 할 것이다. 헤세가 절대적인 영향을 받았던 니체는 헤세와 나에게 이렇게 속삭인다.

"인간은 극복되어야 할 무엇이다."*

2부_너, 나를 비추는 또 다른 모습

09 내 속의 분노, 삶의 의지일까?

분노의 포도/ 존 스타인벡

1930년대 미국은 4년이 넘는 가뭄이 계속되었고 모래폭풍이 찾아왔다. 농작물은 말라버렸고 집도 농장도 사라져버렸다. 미국 대평원 지역은 1880년부터 소작농들이 농사를 짓기 시작했는데 1894년에 심한 가뭄으로 대부분의 농민들이 농사를 포기할 정도였다. 앞이 보이지 않을 정도의 먼지구름이 일었고 가축들은 질식사하고 농작물은 말라 죽어버렸다. 1920년 무렵, 다시 가뭄이 덮치고 열악한 경작기술과 목화재배로 농지가 황폐해졌다. 1929년 주식 시장 붕괴로 대공황이 시작되었다. 은행들은 손해를 만회하기 위해 기업농으로 전환하고자 소작농들을 몰아내기 시작했다. 대규모 농장 소유주들이 갈 곳 없는 농민들을 서부로 유인하기 위해 수십만 장의 전단지를 살포하였다. 살 곳과 일자리를 찾아 수십만 명이 이주하는 거대한 사회적 현상이 나타났다. 기록에 의하면 45만 명이 넘는 사람들이 일자리를 찾아 떠났다고 한다. 이들은 오키라는 별명이 붙었는데 남서부와 북부 평원지대에서 쫓겨난 사람들을 경멸하는 별명이라고 한다.

바로 이러한 사회적, 역사적 배경을 등에 업고 존 스타인벡의 <분노의 포도>가 탄생했다.

공부에는 취미가 없었지만 글쓰기는 좋아했던 존은 교지에 꾸준히 글을 썼다. 목장, 공장, 건축 현장, 도로 공사장 등에서 일하면서 대학 생활을 했다. 그의 이러한 경험은 작품 곳곳에 드러난다. 캘리포니아에서 태어난 존은 23세에 작가가 되려고 뉴욕에 갔다가 먹고 살기 위한 글은 쓰지 않겠다고 돌아와 단편소설을 몇 편 썼지만 인정받지 못한다. 그의 소설은 당대 미국 사회의 대공황이 만든 어두운 그림자를 가감 없이 드러낸다. 30세에 쓴 첫 장편소설은 제본이 끝나기도 전에 출판사가 문을 닫았다. 32세에 단편으로 오 헨리 상을 수상하면서부터 그의 작품은 인정받기 시작했다. 샌프란시스코 뉴스 지의 의뢰로 이주노동자 캠프촌의 실상을 취재했는데 바로 이때 이주노동자들과 함께 생활한 경험이 <분노의 포도>를 쓰는 데 커다란 영향을 미쳤다고 한다. 37세에 출간된 <분노의 포도>는 바로 베스트셀러가 되었고 퓰리처상을 수상했다.

내가 이 책을 처음 읽었던 때는 고등학교 1학년 때였다. 왜 제목이 <분노의 포도>일까 의아했다. 첫 장은 매우 자극적이었다. 이토록 어둡고 칙칙한 분위기를 건조하고 담담하게 그려낼 수 있다는 사실이 놀라웠다. 이 소설은 16장의 삽입 장이 있다. 이 장들은 이야기의 앞뒤를 촘촘하게 연결하는 역할을 한다. 다소 딱딱한 이주노동자들의 역사나 사기꾼 세일즈맨들이 등장하는데 깨닫고 보면 등장인물의 행동과 심리, 그리고 사건이 진행되는 데 반드시 필요한 극적 장치들이라는 사실은 나중에야 알게 되었다. 이 소설은 소작농인 조드 일가족이 일거리와 삶의 터전을 찾아 캘리포니아를 향해 가면서 겪는 이야기들이다. 주인공 톰 조드는 주 교도소에서 막 석방이 되어 집에 돌아오지만 가족들은 사라지고 없다. 짐 케이시는 전직 전도사인데 죄가 무엇인지, 성스럽다는 게 무엇인지 혼란에 빠져 전도사를 그만 두고 사람들 속으로 들어간다. 조드의 아버지는 소작농이며 가장이지만 무기력하다. 가족의 중심은 엄마다. 그녀는 강인하고 의지가 굳으며 사랑을 실천하는 적극적인 유형이다. 존 스타인벡이 결국 닿고자 하는 지향점이 바로 엄마의 삶인 것 같다. 케이시가 전도사이면서 사랑을 실천하고자 했지만 막연한 사랑과 그것을 어떻게 구현해야 할지 서성거리는 영혼이었다면 망설임 없이 작고 사소한 것들을 행동으로 실천해 나가는 엄마의 모습은 일상에서 늘 마주치는 나의 어머니와 다를 바 없었다. 세상의 모든 엄마말이다.

'오클라호마 검붉은 지대 일대와 잿빛 지대 일부에 보슬비가 내렸다. 5월도 막바지에 이르자 하늘은 희뿌옇게 변하고, 봄에는 그토록 오랫동안 하늘 높이 조각조각 걸려 있던 구름마저 어디론가 자취를 감춰버렸다. 쑥쑥 커가는 옥수수 위로 태양이 날마다 사정없이 내리쬐어, 총검을 연상케 하는 녹색 잎마다 한줄기 갈색 줄이 번져나가기 시작했다. 바람은 점점 강해져 돌 아래까지 기세 좋게 할퀴었다. 새벽이 다가왔다. 그러나 낮은 끝내 오지 않았다. 다시 밤이 찾아왔을 때, 그것은 그야말로 암흑이었다. 별빛도 흙먼지를 뚫고 지상에 이르지 못했고, 이제 흙먼지는 공기에 골고루 섞여서, 이를테면 흙먼지와 공기로 만든 유제가 되었다. 집집마다 문을 단단히 걸어 잠그고 문과 창문 둘레에는 헝겊을 끼워 놓았지만, 공기 중에는 눈에 보이지 않을 만큼 미세한 먼지가 섞여 의자, 테이블 위, 아니 접시 위에마저 먼지가 마치 꽃가루처럼 쌓였다. 그날 종일 하늘에서는 흙먼지가 보슬비처럼 부슬부슬 내려왔다. 다음날도 마찬가지였다. 먼지는 옥수수 위에도, 울타리 말뚝 위에도, 철조망 위에도 쌓였다. 지붕 위에도 쌓였고 잡초와 나무들을 뒤덮었다.'

더스트 볼이라는 이 먼지 폭풍을 1장에서는 지루하게 묘사한다. 읽어 내려가다 보면 점점 먼지 폭풍은 책 바깥으로 빠져나와 책을 읽고 있는 나의 책상을 덮고 앉아 있는 의자를 덮고 물컵을 덮고 침대를 덮었다. 숨이 막혔다. 그의 이야기를 따라가다가 드디어 먼지 폭풍이 멈춘 지점에 이르렀다. 사람들이 집 안에서 나왔다. 남자들이 각자 울타리 옆에 서서, 엉망이 된 옥수수를 바라보고 있다. 긴박한 남자들의 표정이 점차 '막연함과 당혹감'에서 '분노에 찬 표정'으로 변하자 여자들은 그제야 '살았구나' 싶었고, '절망의 위험이 완전히 사라졌다는 것을 눈치챘다.'

나는 이 장면에서 한동안 멈춰 섰다. 분노에 찬 표정을 보고 여자들이 절망의 위험으로부터 놓여났음을 느꼈다는 사실이 어려서는 이해가 잘되지 않았다. 이제는 안다. 분노는 에너지이며 힘이며 의지라는 사실을. 분노는 나쁜 것이 아니다. 분노는 그 방향이 중요하다. 삶에의 의지. 이것은 쇼펜하우어의 의지이며 니체의 생에의 의지다. 더스트 볼이라는 먼지 폭풍이, 가뭄이 그들의 터전을 휩쓸어 망연자실한 상황이었음에도 서서히 그들의 표정에서 분노가 살아나는 것. 이것은 니체의 르상티망,이기도 하다. 르상티망은 약자가 강자에게 갖는 시기, 분노,

증오, 열등감 등이 뒤섞인 감정이다. 르상티망에 함몰될 것인가, 아니면 그것을 뚫고 나갈 것인가. 이것이 우리의 삶을 변별한다. 프로이트는 이를 방어기제로 설명하기도 한다. 방어기제는 받아들이기 힘든 현실적 상황 앞에서 생존을 위해 상황을 무의식적으로 조절하거나 왜곡하는 현상을 말한다. 우리의 삶이 우리에게 끊임없이 버거운 과제를 내어주지만 그럼에도 불구하고 우리는 앞으로 나아가야 한다.

제목 <분노의 포도>를 보자. 포도는 풍요의 상징이다. 열매. 그러나 풍요에 대한 갈망, 캘리포니아로 이주하려는 조드 일가의 희망은 시간이 지나면서 점점 절망과 분노의 상황을 경험한다. 그러나 그럼에도 불구하고 좌절, 상실, 공포의 상황을 경험해 나가면서 서로에게 기대게 되고 분노라는 힘, 함께의 힘을 포기하지 않는다. 포도는 알알이 서로에게 기대고 있다. 일자리와 머물 곳을 찾아 떠나는 조드 일가와 같은 수많은 노동자들이나 이주민들 또한 그들이 서로에게 곁을 내어주고 힘을 합쳐야만 비로소 힘을 갖게 된다는 의미도 포함되어 있다. 마지막 장에 이르면 조드 일가의 장녀인 새런의 장미가 사산을 한 뒤, 홍수 때문에 피신한 곳에서 죽어가는 남자에게 젖을 물리는 장면이 나온다. 포기할 수 없는 '삶에의 역동'을 확인하는 순간이다. 우리는 우리를 포기할 수 없다. 엄마가 말한다.

"우리는 인간이잖아. 우리는 앞으로 나아가야 하는 거야."

10 삼각관계, 무거움일까, 가벼움일까?

참을 수 없는 존재의 가벼움/ 밀란 쿤데라

토마시, 테레자, 그리고 사비나. 이 세사람의 삼각관계를 다룬 소설이다. 다른 인물들은 곁가지다. 예를 들어 프란츠는 있어도 그만 없어도 그만이다. 이 소설은 오직 세 사람을 따라간다. 사람들에게 집중하는데 사실은 '프라하의 봄'이 교묘하게 사람들에게 영향을 미친다. 정치적이고 역사적인 상황과 개인들의 삶을 병치시키면서 가벼움과 무거움의 의미를 우리에게 질문하는 소설, 《참을 수 없는 존재의 가벼움》.

"우리 인생의 매 순간이 무한히 반복되어야만 한다면, 영원한 회귀의 세상에서는 몸짓 하나하나가 견딜 수 없는 책임의 짐을 떠맡는다. 바로 그 때문에 니체는 영원 회귀 사상은 가장 무거운 짐이라고 말했던 것이다."

그렇다면 일기일회인 인간의 삶은 공기보다 가벼운 것일까, 아니면 가장 무거운 짐일까?

그가 다시 말한다.

"묵직함은 진정 끔찍하고, 가벼움은 아름다울까? 가장 무거운 짐이 우리를 짓누르고 허리를 휘게 만들어 땅바닥에 깔아 눕힌다. 그런

데 유사 이래 모든 연애 시詩에서 여자는 남자 육체의 하중을 갈망했다. 따라서 무거운 짐은 동시에 가장 격렬한 생명의 완성에 대한 이미지가 되기도 한다. 짐이 무거우면 무거울수록, 우리 삶이 지상에 가까우면 가까울수록, 우리 삶은 보다 생생하고 진실해진다. 반면에 짐이 완전히 없다면 인간 존재는 공기보다 가벼워지고 어디론가 날아가 버려, 지상의 존재로부터 멀어진 인간은 겨우 반쯤만 현실적이고 그 움직임은 자유롭다 못해 무의미해지고 말 것이다. 그렇다면 무엇을 택할까? 묵직함, 아니면 가벼움?"

쿤데라의 이 책은 1984년, 우리에게 도착했다. 가볍게 살아가며 연애에 골몰하다 진정한 사랑을 찾았으나 연애를 포기하지 못하는 토마시와 자유로운 연애의 대상이며 주체인 사비나, 그리고 오로지 한 사람만을 사랑하는 테레자. 이 세 사람의 뒤를 쫓아가다 보면 수시로 질문을 하게 된다.

'누구의 사랑을 진정한 사랑이라 말할 수 있을까?'

토마시는 3주 전쯤 보헤미아의 한 작은 마을에서 테레자를 만났다. 그들은 한 시간 남짓 함께 있었고 서로에게 사랑을 느꼈다. 그는 첫 번째 부인과 2년쯤 함께 살았고 아들 하나를 얻었다. 이혼 소송으로 판사는 부인에게 아이를 맡겼고 월급의 3분의 1을 그들에게 주라고 판결했다. 아이를 만날 때마다 부인은 약속을 뒤로 미뤘고 토마시는 결국 아버지의 권리를 포기한다. 토마시는 외과 의사로 전도가 유망하다. 그는 여자들을 갈망하면서도 두려워한다. 두려움과 갈망 사이에서 '에로틱한 우정'이라는 타협점을 찾은 토마시는 애인 '들'을 만나지만 집착하지 않고 공격적 사랑으로 변하지 않도록 자신만의 규칙을 갖고 있다. 누구나 그의 이러한 태도를 이해해 주지는 않았지만 화가인 사비나는 그를 누구보다 잘 이해했다. 에로틱한 우정의 불문율을 지키기 위해 자신의 삶에서 '사랑'을 배제했던 토마시에게 테레자가 나타나 짧은 순간 그를 사로잡는다. 그녀의 순수함에 토마시는 그녀에 대해 도대체 거의 아무것도 알지 못하면서도 형언할 수 없는 사랑을 느낀다. 그에게 그녀는 마치 '송진으로 방수된 바구니에 넣어져 강물에 버려졌다가 그의 침대 머리맡에서 건져 올려진 아이'처럼 보였다.

그는 자신의 불문율을 깨고 테레자를 자신의 아파트로 들이고 그녀를 곁에 두려고 결혼까지 한다. 테레자와 함께 사는 것이 나을까, 아니면 혼자 사는 것이 나을까.

그는 생각한다.

'도무지 비교할 길이 없으니 어느 쪽 결정이 좋을지 확인할 길도 없다. 모든 것이 일순간, 난생 처음으로, 준비도 없이 닥친 것이다. 마치 한 번도 리허설을 하지 않고 무대에 오른 배우처럼. 그런데 인생의 첫 번째 리허설이 인생 그 자체라면 인생에는 과연 무슨 의미가 있을까? 삶은 항상 '밑그림' 같은 것이다. 우리 인생이라는 밑그림은 완성작 없는 초안, 무용한 밑그림이다.'

이 문장에서 잠시 호흡을 멈춘다. 우리 인생이라는 밑그림은 완성작이 없는 초안이다. 그리고 단 한 번의 기회밖에 없다. 그렇다면 깊이를 확보하지 못한, 리허설 같은, 돌아보면 순간 과거가 되어 있고, 다시는 회복 불가능한 우리의 삶은 과연 얼마나 의미로운 것일까.

이때 토마시는 독일 속담을 읊조린다. einmal ist keinmal.

'한 번은 중요하지 않다. 한 번뿐인 것은 전혀 없었던 것과 같다.'

이것은 토마시의 말이다. 하지만 작가인 쿤데라의 말이기도 하다. 니체의 영원회귀 사상은 똑같은 일이 반복된다면 그 반복을 받아들일 만큼 너의 인생을 가치롭게 살라는 의미도 포함되어 있다. 토마시는 인생을 가볍게 살고자 하지만 테레자를 받아들임으로써 고뇌하지 않을 수 없는 상황에 직면한다.

그가 말한다.

'그때 체험한 것이 사랑이 아니었다면 그것은 과연 무엇이었을까?'

스스로 사랑의 부적격자임을 자인하는 그이지만 그렇다고 사랑을 느낀 테레자를 버릴 수 없어 그는 테레자와 결혼한다. 하지만 자신의 정체성이라고 말할 수 있을 다른 여인들에 대한 연애 감정을 포기할 수도 없다. 테레자는 오직 한 사람, 토마시만을 사랑하지만 사랑하기 때문에 토마시의 취향에 딴지를 걸 수 없어 괴로워한다. 그녀에게는 한 사람에 대한 사랑이 전부다. 그렇다면 토마시의 사랑은 가볍고 테레자의 사랑은 무거운 것일까? 둘 사이에서 의도하지 않게 중심추의 역할을 맡은 사비나의 사랑법은?

파르메니데스는 말한다. 세상은 빛과 어둠, 두꺼운 것과 얇은 것, 뜨거운 것과 찬 것, 존재와 비–존재같이 서로 반대되는 것이 양분되어 있다. 이 모순의 양극단은 부정과 긍정이다. 그는 가벼운 것은 긍정적이고 무거운 것은 부정적이라고 생각했다.

쿤데라는?

"파르메니데스의 생각이 어떠하든 이것 한 가지만은 분명하다. 모든 모순 중에서 무거운 것–가벼운 것의 모순이 가장 신비롭고 가장 미묘하다."

말하자면 우리의 삶은 가볍다거나 무겁다고 쉽게 단정 내릴 수 없다. 우리 삶은 복잡미묘한 인드라망이기 때문이다. 쿤데라는 우리에게는 타자의 시선을 끌고자 하는 욕구가 있는데 첫째, 대중의 시선을 끌고 싶어 하는 유형, 둘째, 많은 지인들의 시선을 받고 싶은 유형, 셋째, 사랑하는 사람들의 시선을 받고 싶어 하는 유형, 넷째, 부재하는 사람들의 상상적 시선과 인정을 받고 싶은 몽상가 유형이 있다고 보았다. 토마시와 테레사는 서로 대극에 있는 듯보이지만 '사랑하는 사람들의 시선을 받고 싶어 하는 유형'이다. 그래서 서로 다른 성향이지만 함께 살면서 서로를 받아들이고 닮아간다. 사랑이라는 이름의 이 다양한 방식을 옳고 그름으로 판단하는 것은 애당초 불가능하다. 사랑은 그런 거니까.*

11 Only you는 유통기한이 있을까?

젊은 베르테르의 슬픔/ 요한 볼프강 폰 괴테

"로테에게.
피스톨을 꺼내어 먼지를 턴 것이 당신이라죠. 이것은 당신의 손에서 내 손으로 주어졌습니다. 나는 이 피스톨에 수없이 입을 맞추었습니다. 당신의 손이 닿은 것이기 때문에요. 로테여, 하늘의 정령은 나의 결심을 어여삐 여기시나 보오. 심부름간 아이에게 물으니, 이것을 내주실 때 당신은 떨고 있었다죠. 그리고 인사 한마디 못했다고요."

진눈깨비가 내리는 밤, 11시 경, 베르테르는 온몸이 흠뻑 젖은 채로 자신의 오두막에 도착해 오랫동안 잠이 들었다. 이튿날 새벽 그는 편지를 쓴다.

로테에게.

그녀를 처음 만나 지금까지 느꼈던 사랑의 감정을 쓴다. 베르테르의 눈길이 가 닿을 때마다 그녀가 어떤 표정을 지었는지, 그때마다 그가 얼마나 들뜬 행복을 느꼈는지 쓴다. 그리고 다시 저녁이 되자 수많은 서류들을 찾아내어 찢거나 난로에 태워버린다. 심부름꾼 소년에게 로테의 집에 가서 알베르트에게 권총을 빌려오게 한다. 알베르트는 로테에게 총을 꺼내오게 한다. 로테는 불안함에 떨면서도 총을 소년에게 건네준다. 로테의 손길이 닿았다는 사실을 안 베르테르는 행복함을 느낀다.

시간이 흐르고 있다. 코스모스가 한들거린다. 연약하디 연약한 꽃이파리와 훌쩍 큰 키로 바람에 한들거리는 코스모스는 수많은 점으로 이루어져 가을을 풍요롭게 만든다. 꽃들의 세상이다. 봄꽃들과는 다른 날씨 속에서 피어나는 가을 꽃들에게서 나무들에게로 시선을 돌리면 곧 빨갛고 노랗게 물든 가을이 완성될 것이다. 어느덧 벌써 추수의 계절. 내가 살고 있는 복흥면은 노란 들판이 수확을 끝내고 가을을 마친 곳도 있다. 가을 공기는 여름 공기와 다르다. 습한 기운이 사라지고 서늘한 기운이 스며든다. 청정한 공기가 정신을 맑힌다. 책을 펼치기 좋은 계절이라는 표현이 거저 나온 것은 아닌 듯하다. 저절로 책에 손이 가는 계절. 필자가 펼친 책은 <젊은 베르테르의 슬픔>이다. 언젠가 친구가 말하기를 "이 책을 읽고 많은 생각을 하게 되었어. 둔탁한 나와는 달리 로테를 사랑하는 한 남자의 생생한 사랑 표현들이 너무 풍요롭더라."

돌아보면 20대의 사랑은 참으로 불안정하였던 것 같다. 20대의 불안정한 사랑은 30대가 되고 40대가 되고 50대가 되면서 점점 성숙해졌을까. 사랑은 열정이라 늘 바람에 불안하게 흔들리는 촛불을 바라보는 것처럼 따뜻하기도, 온화하기도, 불안정하기도 하다. 사랑하게 되면 누구나 베르테르의 감성으로 진입하게 된다. 상대의 일거수일투족이 확대경을 들고 바라보는 것처럼 커다랗게 보인다. 독일 작가인 괴테를 통해 딱딱하고 건조하다고 평가되는 독일어가 문학적 감성을 획득했다고 할 만큼 <젊은 베르테르의 슬픔>은 유려한 문장 속에서 감성을 자극한다. 20대였던 괴테를 유럽에서 유명한 작가의 반열로 올라서게 했으며 이 책을 읽고 감성에 자극을 받아 자살한 청년들이 들불처럼 퍼져가기도 했다고 한다. 데이트 폭력이라는 무지하고 편협한 사랑을 체험하기도 하는 21세기 사랑법은 결국 내면의 사랑이 깨어나지 못한 까닭일 수도 있을 것 같다. 사랑은 서로에게 스미는 것이지 소유의 개념이어서는 안 된다. 사랑은 확산되는 것이지 한 사람조차 들어서지 못할 정도로 좁고 편협해지는 공간이 아니다.

"5월 10일. 난 요즘 이상할 정도로 즐겁다네. 매일 아침 난 달콤한 봄날을 맘껏 즐기고 있어. 마치 나를 위해 만들어진 것처럼 아름다운 이곳에서 혼자만의 생활을 즐기는 것이 더할 수 없이 행복하다네. 친구여, 나는 이 안락한 생활에 푹 빠져 있어. 그러다 보니 그림은 전혀 그리지 못하고 있네. 하지만 내가 지금처럼 훌륭한 화가였던 적은 없다네."

베르테르는 골짜기에서 안개가 피어오르고 울창한 숲 위로 솟아오른 태양이 퍼뜨리는 햇살이 신성한 숲의 어둠을 수만 갈래로 나누기도 하고 스며들기도 하는 모습을 바라보고 있다. 졸졸 흐르는 시냇물 옆 풀밭에 드러눕기도 하고 대지에 얼굴을 바짝 갖다 대면서 생의 역동을 가슴으로 흘러들게도 한다. 날마다 흔연스럽게 바라보는 자연을 미세하게 들여다봄으로써 온갖 신기한 세계를 눈으로 보고 가슴으로 느끼면서 고도로 예민한 감성의 세계로 자신을 인도하고 있다. 주위의 모든 것들이 그의 영혼 안으로 스며든다. 가슴이 메어 말을 잇지 못할 만큼 감동하는 영혼을 지녔다. 이것을 글로, 그림으로, 악보로 옮기는 사람. 그것을 입술로 노래하는 사람. 그것을 정신적으로 향유하는 사람. 온몸이 감동으로 흠뻑 젖는 사람. 그는 언덕을 오르고 샘물 앞에 앉아 하늘을 바라보고 나지막한 돌담을 걷고 공중으로 한껏 뻗어나가는 키 큰 나무들이, 있는 힘껏 하늘에 닿기 위해 키를 늘리는 모습을 바라본다. 그의 마음은 풍성하고 사랑으로 가득 부풀어 오른다. 펑!하고 터질 만큼 자연을 흠뻑 감성껏 받아들인다. 이렇듯 섬세한 결을 지닌 베르테르는 격정으로 인해 불안하고 불안정하게 흔들린다. 베르테르는 현실 속 괴테 자신일 것이다. 그의 사랑 경험과 친구인 예루잘렘이 이룰 수 없는 사랑에 절망적으로 고뇌하다가 결국 권총으로 자살한 사건을 계기로 쓰여진 소설이다.

베르테르는 로테를 만나게 된다. 그녀와 지적으로 정서적으로 감응한다. 로테 또한 베르테르와의 만남이 참으로 따뜻하고 좋다. 하지만 로테는 약혼자가 있다. 알베르트. 만날수록 베르테르는 로테의 내면을 들여다보고 싶다. 그는 불안정하게 흔들리는 열정으로 고민한다. 로테를 사랑하는 마음이 깊어갈수록 현실적인 난관에 괴로운 베르테르. 사회의 인습적이고 단단한 질서, 귀족사회의 통념을 깨고 들어갈 수 없음을 깨달은 베르테르는 로테와의 단 한 번의 접촉, 포옹과 단 한 번의 키스로 자신의 사랑을 확인한다. 그는 자신의 사랑을 완성시키기 위하여 죽음을 선택한다. 바로 이 지점.

"1월 20일. 사랑하는 로테! 당신에게 편지를 쓰지 않고는 견딜 수 없습니다. 나는 지금 눈보라를 피해 어느 초라한 농가의 작은 방에 들어와 있습니다. 외로움에 갇힌 채 오두막에 앉아 있다 보니 제일 먼저 당신이 생각났습니다. 내 가슴은 메마를 대로 메마르고 가슴이 벅차오르는 행복한 순간은 한순간도 없습니다. 허무하기 짝이 없습니다."

사랑은 열병이다. 열병 같은 사랑을 살면서 한 번도 경험하지 못하고 시간이 가고 늙어 죽는다면 참으로 허망할 것 같다. 나는 1940년생 김용임여사와 함께 산다. 그녀와 식사하면서 자주 묻는다.

"엄마, 누군가를 사랑해 본 적 있어요?"

내가 보았을 때 그녀는 한 번도 뜨거운 사랑을 경험해 본 적이 없다. 현실적인 삶을 살아왔기 때문이다. 반면 김용임여사의 여동생은 뜨거운 사랑을 살았다. 유복한 양반집에서 잘 자랐다. 집안에서 일하는 머슴(지금은 사라진 단어다)으로 일하던 청년과 눈이 맞았다. 집안에서는 난리가 났다. 어른들이 모여 그녀에게 물었다.

"왜 저 머슴이냐? 저 머슴이 아니면 안 되겠느냐?"

그녀가 대답했다고 한다.

"네, 지금은 저 사람이 아니면 안 될 것 같습니다."

그렇게 집안의 어쩔 수 없는 인정을 받은 두 사람은 이후 온갖 고생을 하면서 한세상을 살았다. 지금은 고인이 된 남편, 도박과 술로 한세상을 살았던 남편, 살아보니 원수였던 남편. 그 남편이 죽은 지 20년이 지났어도 그녀는 여전히 죽은 남편과 함께 산다. 하지만 최소한 그녀는, 사랑을 해 본 경험이 있다. 살아보니 원수 같았을 때도 많았겠지만 처음으로 사랑하는 이의 손을 잡고 처음으로 누군가와 입맞춤 할 때의 격정을 경험한다는 것은 누구에게나 오는 행운은 아니다.

지구별 여행자로 한 생을 살면서 물질적으로 잘 살아야 한다는 강박에 갇혀 살면서, 물질적 풍요와 뜨거운 사랑은 교환의 대상조차 되지 못하는 사회에서 우리가 산다. 사람과 사람이 만나 사랑하고 상처를 주고받고 그를 통해 다른 지점으로 건너가는 삶. 그 삶 속에서 만나는 수많은 사람들이 내 삶을 바꾸거나 영향을 미치거나 슬프게 하거나 성숙하게 한다. 베르테르는 로테를 향한 사랑의 열병을 치유하지 못했지만 그녀의 사랑을 통해 다른 지점으로 건너갔다. 삶인가 죽음인가보다 중요한 것은 사랑을 통해 어디에 도달할 것인가가 아닐까. 지구별 여행자의 한 생.*

12 누구나 볼 수 있는 달, 넌 6펜스 가지고 갈 수 있어?!

달과 6펜스/ 서머셋 모옴

달과 6펜스. '달'은 저 멀리 우리의 손이 닿지 않는 곳에서 우리를 바라보고 있다. '달'은 시각적으로 포착되기는 하지만 손으로 잡을 수는 없다. 달은 이상을 상징한다. 지금, 여기에 존재하고 실재하지만, 즉 눈이라는 시각,으로는 존재하지만 촉각,으로는 만질 수 없는 미묘한 존재다. 라캉은 이를 상상계, 상징계, 실재계라는 용어를 사용해 설명한다. 우리는 지금, 여기,에서 살면서 늘 꿈을 꾼다. 무언가가 되고 싶고 무언가를 하고 싶어 하는 존재다. 그래서 플라톤이라는 철학자는 눈으로 만져지는 사과보다 더 본질적인 것은 사과라는 이상, 개념이라고 생각했다.

지금, 여기, 라는 물질적 공간보다 중요한 것은 꿈을 꾸고 살아가는 존재가 되는 것.

물질세계에서만 살면 인간은 초라해진다. 손등과 손바닥이 맞붙어 있는 것처럼 현실과 이상은 맞붙어 있고 과거와 현재와 미래는 늘 동시적이다. 그것이 인간이라는 종,의 독특한 특성이다. 인간은 육안, 심안, 영안,이라는 세 종류의 눈을 지니고 있다. 따라서 육체의 눈으로 바라보는 대상을 마음의 눈으로 보거나 영혼의 눈으로 보게 되면 완전히 다른 질감의 존재로 변한다. '6펜스'는 아주 작은 단위의 돈이다. 하지만 이 돈은 물질세계를 살아가는 근간이다. 내 손에 단돈

1,000원이라도 쥐고 있어야 세상에 나아가 무언가와 교환할 수 있는 수단을 가진 존재가 된다. 서머셋 모옴의 <달과 6펜스>는 이상과 현실, 그 사이between의 존재인 인간, 그중에서도 찰스 스트릭랜드,라는 독특한 한 인간의 행동과 심리와 지구별 여정을 따라간다.

"내가 보는 예술의 가장 중요한 관심사는 바로 예술가 그 자신의 <개성>이다. 그리고 그가 가진 개성이 특이하고 독자적이라면 그 외의 결점들은 기꺼이 용서할 수도 있다. 예술가란 화가나 시인, 음악가를 막론하고, 그 작품에 숭고하고 아름다운 장식을 하여 우리의 심미감을 만족시켜준다. 그리고 심미감은 성적 본능과 서로 통하는 것이 있어서 일종의 원시성을 느끼게 한다. 말하자면 '그 자신'이라는 큰 선물을 우리에게 주고 있는 것이다."

모옴이 쓴 <달과 6펜스>는 폴 고갱의 일대기를 그의 관점으로 파악한 소설이다. 모옴에게 고갱은 예술가의 비밀을 간직한 영혼이었다.

그가 말한다.

"찰스 스트릭랜드를 처음 알게 되었을 때, 나는 솔직히 말해 그가 여느 사람과 다른 인간이라는 인상은 조금도 받지 못했다. 하지만 지금에 와서 그의 위대함을 부정하는 사람은 아무도 없을 것이다."

내가 쓴 <그림으로 떠나는 인문학 여행> 속에도 고갱이 산다. 고갱은 20대에 인상파 화가의 작품을 보고 그림에 매료되었다고 한다. 그리고 30대가 되어 전업 화가가 되겠다고 결심한다. 아이들과 아내가 있었지만 사회적인 손가락질을 아랑곳하지 않고 미련 없이 가정을 버린다. 그는 인상파에서 출발했고 일요화가로 출발했다. 말하자면 아마추어 화가로 출발했다. 기본기가 없으니 더욱 중요한 것은 그의 직관이었을 것이다. 40대 무렵, 그는 종합주의라는 자신만의 화풍에 도달한다. 건강 문제로 고흐와 잠깐 함께 살게 되면서 예술관에 대한 서로 다른 견해로 심한 다툼이 있었고 고흐는 귀를 자른 뒤 병원에 입원하고 고갱은 멀리 떠나 태평양의 한 섬에 이르게 된다. 타히티. 그의 정신적인 고향. 예술의 근간이 되는 공간. 생전에 작품으로 인정받지 못했던 가난하고 불행했던(타자의 시선에 잡히는 느낌일 뿐 스스로가 그렇게 느꼈는지 우리는 알지 못한다) 한 화가의 삶이 뛰어난 문학가인 모옴의 시선에 잡혀 <달과 6펜스>라는 소설 속에서 영원히 살아남게 되었다.

    모옴은 더크 스트로브라는 화가를 통해 이렇게 말한다.

"어쨌든 이 세상에서 가장 귀중한 아름다움이란 그냥 지나가다 힘 안 들이고 주울 수 있는 해변의 조약돌 같은 건 아니야. 아름다움이란 이 혼돈의 세계에서 영혼의 고뇌를 겪으면서 만들어낸 거야. 그러나 그것을 모든 사람이 다 알아볼 수 있는 것은 아닐세. 아름다움을 인식하기 위해선 예술가가 거쳐온 괴로움을 이쪽에서도 거쳐보아야 하는 거야. 즉 그것은 예술가가 우리에게 들려주는 아름다운 멜로디와도 같은 것이며, 제대로 판별해 들으려면 이쪽에서도 그만한 지식과 감수성, 그리고 상상력이 필요하게 되는 걸세."

"이보게, 내가 사람을 단 한 번이라도 잘못 본 일이 있던가? 그 사람은 천재라구! 분명히 천재야. 나는 확신하네. 앞으로 백 년 뒤에 만일 자네나 내 이름이 조금이라도 세상에 남아 있다면 그것은 다만 우리가 찰스 스트릭랜드를 알았다는 이유 때문일걸세."

"아직 성공은 하지 못했어. 아마 자기 그림을 한 장도 팔지 못했을 걸세. 그 사람 이야기를 하면 모두 비웃네. 그러나 나는 그가 위대한 화가라는 것을 알고 있네."

어떤 것에 대한 심미안, 상상력, 그만한 지식과 감수성이 없다면 그 '것'을 제대로 이해하고 느끼고 감상하는 것 자체가 불가능하다는 사실을 모옴은 강조한다.

소설 속에서 스트릭랜드는 잘 나가는 주식 중개인이었다. 그러던 그가 갑자기 증발해버렸다. 사람들은 그가 부인을 놔두고 찻집에서 일하는 젊은 여자와 파리로 도망갔다고 생각했다. 화자인 나는 부인의 대리인으로서 파리의 스트릭랜드를 찾아간다. 소문과는 달리 초라한 호텔에, 여자도 없이 털털하게 생활하는 스트릭랜드. 그는 세간의 풍문에도 아랑곳없이, 아내와 아이들의 생활고에도 상관없이, 단지 그림을 그리지 않으면 안 되었기 때문에 영국을 떠나 파리로 왔다고 말한다. 일상을 살아가는 보통 사람들의 시선으로는 포착되지 않는 스트릭랜드의 시선은 온통 그림에 가 있었다. 남에게 '어떻게 보여지는가'가 그에게는 중요하지 않았다. 왜 남의 시선에 사로잡혀야 하는가. 그를 사로잡은 것은 그림이었다. 그림이 그의 영혼을 사로잡아 그는 그림을 좇아 파리로 간 것이다. 5년이 지나 화자가 스트릭랜드를 다시 보게 되었을 때 스트릭랜드는 5년 전에 입고 있던 옷을 그대로 입고 있었다. 때에 절고 여기저기 찢기고 실밥이 드러나고 남의 옷처럼 헐렁헐렁했다. 살이 빠져 굵은 뼈와 힘줄만 앙상하게 남았다. '그림에 대한 관심', '그의 마음속에서 일어나는 것', 그 이외의 것에는 전혀 관심을 두지 않고 온전히 그림에 헌신하는 삶. 궁핍한 것쯤은 아무렇지도 않고 온통 그림에 대한 정신력으로만 살아가는 삶. 그림에 대한 사랑으로 다른 모든 것들을 무(력)화시키는 삶. 그의 원시적 열정이 없었다면 지금 우리는 고갱의 그림을 감상할 수 없었겠다.

그만한 지식과 감수성, 상상력과 심미안이 없다면 우리는 예술을, 무엇보다도 예술의 한 장르인 삶을, 이 지구별 여행을 온전히 이해할 수 없다.*

13 주장과 경청 사이, 넌 들을 귀가 있니?!

모모/ 미하엘 엔데

> "진정한 시간이란 시계나 달력으로 잴 수 있는 것이 아니야. 자신의 시간을 가지고 무엇을 하느냐는 전적으로 스스로 결정해야 할 문제야. 또 자기 시간을 지키는 것도 각자의 몫이지. 시간을 느끼기 위해 우리는 가슴을 갖고 있단다. 가슴으로 느끼지 않는 시간은 모두 사라져버려. 장님에게 무지개의 고운빛깔이 보이지 않고, 귀머거리에게 아름다운 새의 노랫소리가 들리지 않는 것과 같지. 허나 슬프게도 이 세상에는 쿵쿵 뛰고 있는데도 아무것도 느끼지 못하는, 눈멀고 귀먹은 가슴들이 수두룩하단다."

시간을 만들어 사람들에게 선물하는 호라 박사가 말하자 모모가 질문을 던진다.

"그럼 제 가슴이 언젠가 뛰기를 멈추면 어떻게 돼요?"

"그럼, 네게 지정된 시간도 멈추게 되지. 아가. 네가 살아온 시간, 다시 말해 지나온 너의 낮과 밤들, 달과 해들을 지나 되돌아간다고 말할 수도 있을 게다. 너는 너의 일생을 지나 되돌아가는 게야."

"나는 사람들에게 시간을 나눠 주며 매 시간마다 진실을 말해 주지. 허나 들으려고도 하지 않는 것 같아 걱정이란다. 사람들은 오히려 두려움을 불어 넣는 자들을 더 믿고 싶은 모양이야. 정말 수수께끼야."

호라 박사와 정확히 30분을 미리 내다볼 줄 아는 거북, 카시오페이아, 남의 말을 귀 기울여 들을 줄 아는 소녀, 모모, 청소부 베포 할아버지, 관광 안내원 기기, 음식점 주인 니노, 니노의 뚱뚱한 아내 릴리아나, 미장이 니콜라, 꼬마 동생 데데를 데리고 다니는 소녀 마리아, 파올로, 마시모, 프랑코 등 모모의 친구들.

모모는 원형극장에서 산다. 마을 사람들은 저마다 애정을 가지고 모모를 돌본다. 마을 사람들은 모모에게 커다란 행운이지만 시간이 흐르면서 모모가 마을 사람들에게 더욱 커다란 행운임을 사람들은 알게 된다. 모모의 집은 손님들이 끊이지 않는다. 사람들은 자신의 곁에서 귀를 기울여 들어주는 모모를 사랑한다.

"아무튼 모모에게 가 보게!"

모모는 사람들에게 좋은 충고를 하지도 않고 똑똑하고 현명하지도 않다. 모모의 특별한 재능은 바로 남의 말을 잘 들어주는 데 있다. 모모는 가만히 앉아 따뜻한 관심을 갖고 온 마음으로 상대방의 이야기를 들어준다. 그런데 바로 이때 놀랄 만한 일들이 일어난다. 어리석었던 사람도, 결정을 내리지 못해 머뭇거리고 주저하는 사람도 자신도 깜짝 놀랄 만큼 지혜로운 생각, 새로운 생각을 떠올리게 된다. 수줍은 사람은 대담한 사람이 되고 불행한 사람, 억눌린 사람은 희망으로 마음이 환해진다. 모모는 물질적으로 가난했지만 사람들에게 얼마든지 사용할 수 있는 유일한 재산, '시간'을 가지고 있었다.

모모에게는 말 없는 노인, 청소부 베포가 있고 말 잘하는 청년, 관광안내원 기기가 있다. 베포는 늘 곰곰이 생각했다. 그런 베포가 모모를 회색 신사들로부터 구하기 위해, 10만 시간의 몸값을 벌기 위해, 자신이 살아왔던 삶의 방식을 버리고 성급하게 온 도시를 비질하는 장면에서는 눈물이 글썽였다. 봄이 오고 다시 여름이 와도 베포는 계절이 바뀌는 것도 모르고, 10만 시간의 몸값을 마련하기 위해 도로를 쓸고 또 쓸었다. 아낌없이 주는 사랑을 베포 할아버지를 통해 만났다.

회색 신사들은 모모를 몹시 못마땅하게 생각한다. 모모에게 예쁜 인형을 주고 인형이 입을 온갖 옷들을 주고 인형의 친구를 주고 인형의 친구가 입을 온갖 옷들을 주어서 현혹해도 모모는 '유용'한 시간이 아닌 '즐거움'의 시간, 어린이들의 특권인 '재미'의 시간을 '포기'하지 않는다.

사람들의 시간을 빼앗아가는 회색 신사들이 소리 없이 도시에 나타나 대도시 전체로 번지기 시작했다. 회색신사들은 사람들의 시간을 빼앗기 위해 방대한 계획을 세운다.

잿빛 고급 승용차를 타고 납회색 서류 가방을 들고, 뻣뻣한 중절모자를 쓰고 작은 회색 시가를 뻐끔대며 주머니에 수첩을 가지고 다니는 회색 신사가 이발소를 하는 푸지 씨를 찾아와 시간 저축 은행에 대하여 설명한다.

푸지 씨는 가끔 자신의 인생이 철컥거리는 가위질 소리와 손님들과의 쓸데없는 잡담과 비누 거품으로 그저 흘러가고 있다는 느낌에 서글퍼하고 있었다.

"대체 이제까지 살면서 이룬 게 뭐지? 내가 죽고 나면 이 세상에 아예 없었던 거나 마찬가지일 텐데."

그는 일하는 것이 정말 즐거웠고, 자기 솜씨에 자부심도 가지고 있다. 하지만 누구나 모든 것이 아무런 의미가 없어 보이는 때가 있기 마련. 회색 신사들은 바로 이 허망한 마음을 비집고 들어온다.

회색 신사와 마주 앉은 푸지 씨는 오슬오슬 한기를 느낀다. 회색 신사가 시가를 깊이 빨면서 푸지 씨에게 말한다.

"1분은 60초입니다. 한 시간은 60분이고요. 1년은 365일입니다. 따라서 1년은 3,153만 6,000초가 됩니다. 일흔 살을 산다면 22억

752만 초가 되는군요. 이것은 당신 마음대로 쓸 수 있는 당신 재산입니다. 하지만 당신은 하루 여덟 시간을 잠자느라 없앱니다. 식사하느라 시간을 없앱니다. 8시간 일하느라 시간을 없앱니다. 늙으신 어머니와 앉아 이야기하는 데 시간을 허비합니다. 앵무새를 기르느라 시간을 낭비합니다. 그리고 다리가 성치 못해 평생 휠체어에 의지해야 하는 다리야 양에게 꽃 한 송이를 선물하기 위해 매일 30분간 그녀를 방문합니다. 그 여자는 시간 낭비에요."

푸지 씨는 회색 신사의 말을 듣고 경악한다. 그리고 다짐한다. 시간을 아끼겠다고. 푸지 씨는 불필요한 일은 생략하기 시작한다. 손님에게 정성을 다하던 시간을 반으로 줄이고, 잡담도 없앤다. 어머니를 양로원으로 보낸다. 유용하지 않는 앵무새는 내다 버리고 다리야 양은 두 주에 한 번만 찾아간다. 저녁 명상은 집어치운다. 커다란 시계를 이발소에 걸어놓고 시간을 정확히 체크한다. 견습생을 눈을 크게 뜨고 감시한다. 시간을 낭비하지 않도록.

하지만 이렇게 낭비하는 시간들을 아끼기 위해 푸지 씨가 노력한 결과는? 어떤 기쁨도 느낄 수 없다는 사실이었다. 그는 점점 신경이 날카로워지고 안정을 잃었으며 돈은 벌 수 있었지만 여유가 사라졌고 늘 긴장하고 초조해졌다. 이상하게도 시간을 알뜰히 쪼개 쓰는데도 손톱만큼의 자투리 시간도 남지 않고 어디론가 사라져버렸다. 그의 시간은 어디로 갔을까? 오직 '유용'과 '효용'만으로 시간이 만들어져 있다면 행복은 어디에 있을까? 모모가 속삭인다. 씨앗을 틔우는 데 필요한 오랜 기다림의 시간에 대하여. 회색 신사들은 시간을 아끼라고 주장했고 모모는 귀 기울여 듣는데 자신의 시간을 아낌없이 투자했다. 모모의 기다림의 시간이 우리를 기다린다.*

14 타임리스 timeless, 그 시대의 옷은 나에게 어울릴까?

설공찬이/ 김재석

고래가 숨 쉬는 도서관이라는 출판사에서 김재석 작가의 〈설공찬이〉가 나왔다. 청소년용으로 새롭게 편집되어 독자와 만나게 되었다. 이 책은 순창 군립도서관에서 출간하였으나 비매품이어서 일반 독자들에게까지 전달되지 못하였다. 〈홍길동전〉보다 100년이나 앞선 최초의 국문(번역) 소설인 〈설공찬전〉은 국문학적으로도 문학작품으로도 아직 대중들에게 제대로 평가받지 못한 작품이다.

최초라는 타이틀이 무색할 정도인데 도대체 어떤 책일까?

1511년(중종 6년) 채수가 쓴 〈설공찬전〉은 한문으로 쓰여지면서 동시에 한글로 번역되었다. 이 국문 번역본이 1996년, 이복규 교수에 의해 극적으로 발견되지만 완성된 필사본이 아니었던 탓에 뒷부분에 대한 이야기는 상상력에 의존해야만 한다. 이 필사본을 근거로 한 〈설공찬이〉는 독특한 구성으로 진행된다. 〈설공찬이〉는 채수 (1449~1515)가 경험한 중종반정과 순창의 설씨 집안, 설충란이 경험한 이야기가 겹쳐 있다. 말하자면 설충란으로부터 들은 이야기를 바탕으로 채수가 중종반정을 빗대는 소설을 쓴 셈이다. 김재석 작가는 이를 다시 비틀어 채수가 중종반정을 겪는 경험을 소설 속에 기입한다.

소설을 쓰는 채수와 이야기 속 또다른 이야기가 전개되는 것이다.

설충란은 순창에서 살고 있었다. 따라서 설충란의 경험을 따라가다 보면 순창의 다양한 문화적 사건들을 간접적으로 경험할 수도 있다. 김재석 작가는 이 책을 쓰기 위하여 다양한 기록들을 공부한다. 그는 필사본의 내용을 최대한 따라가면서 시대적 사건인 1498년 무오사화와 15세기 말 순창의 생활상을 찾아 나갔다.

그는 말한다.

"연산군의 횡포로 인한 정치적 불안감, 유교 사상이 뿌리를 내리며 여성의 삶을 도외시했던 남녀 차별, 중국이란 대국의 언어인 한문과 세종 임금이 만든 한글 보급 과정에서의 갈등 등, 원본의 에피소드와 시대적 생활상이 개연성을 갖도록 창작했다. 저승 이야기는 불교와 도교에서 차용해 재해석했다."

그의 소설을 따라가다 보면 자연스럽게 순창의 이곳저곳과 당대의 생활상들을 엿보게 된다. 현실과 허구의 세계가 적절히 뒤섞여 독자들은 새로운 세상을, 순창 곳곳을 함께 걷고 느끼게 된다.

이복규 교수는 김재석 작가의 <설공찬이>가 3,400여 자에서 7만 7천여 자의 풍부한 중편소설로 탄생 된 것을 가장 기뻐한다. 최초 발견자이면서 오랜 시간 동안 <설공찬전>에 대한 사료를 축적해 온 장본인이기 때문이다. 그는 소설 <설공찬이>의 특징을 이렇게 요약한다.

 김재석 작가가 <설공찬이>라는 제목을 결정한 것은 현전 국문 번역본의 제목을 존중한 것으로 보인다. 그는 시간의 역순법을 활용해 소설을 적었다. 채수가 사위 김감과 딸에게 탈고한 <설공찬전>을 보여주는 장면으로 시작, 현재와 과거 회상을 자유롭게 오가며 소설 속 소설 이야기가 입체적으로 진행된다. 또한 역사 기록을 비롯, 관련 자료와 지식이 두루 활용되어 있다. 조선왕조실록, 불교와 도교적 자료와 상상력, 순창 당대의 다양한 민속 등이 자연스럽게 녹아 있다. 마암(맷돌바위) 전설, 모심기 노래, 상여꾼 노래, 들소리, 무당이 굿할 때 부르는 노래(시왕풀이) 등이 적재적소에 등장한다. 십팔 주문을 외우고 성황 대신을 모시는 단오절의 성황제, 두룡정 물맞이 등 순창 민속을 생생하게 소설 속에서 살려낸다. 죽음, 사후 세계라는 보편적 문제와 지역 문학으로서도 훌륭한 작품이다. 마지막으로 원전의 공백을 '아버지에 대한 불효'를 속죄하기 위해서라는 해석으로 메꾸고 있다. 해원제를 지내고, 설공찬이 한을 풀고 저승으로 복귀해 심판을 받아 다시 인간세계로 환생한다는 결말 또한 독자들에게 불편하지 않은 결말을 제시하고 있다.

 그의 소설을 읽어내려가다 보면 마치 그곳에서 함께 동참하고 있는 듯한 현장감을 느끼게 된다. 설충란은 딸과 아들이 있다. 초희와 공찬이다. 공찬의 어릴 적 이름은 숙동이다. 둘 다 영특하였으나 공찬이가 글공부를 하는 것이 당연한 반면 초희가 글을 잘하는 것은 심사를 불편하게 한다. 당대에는 여자가 글을 잘하여도 드러낼 수 없었기 때문이다. 충란은 어린 초희의 글 읽는 소리를 마당에서 듣곤 했다.

"초희야, 세상 이치를 깨치는 데는 꼭 한문을 익혀야 되는 건 아니야. 우리 임금 세종께서 만드신 훈민정음으로도 얼마든지 세상 이치를 깨치고 나타낼 수 있단다. 다만 너에게 한문이든 한글이든 다 익히게 하는 것은 네가 능히 비교하여 자유자재로 글을 읽고 쓰게 하기 위해서야."

원전에는 존재하지 않는 부인 이 씨가 살아생전 초희와 소통하는 장면들이 등장한다. 어머니는 초희에게 집안일도 꼼꼼히 가르친다. 아버지 설충란이 마을 아낙들을 불러 모아 곳간에 쌓인 지난해 곡식을 푼다. 농사철 모심기 전에 4월 보릿고개를 지날 마을 사람들을 위한 것이다. 마을 사람들이 품앗이로 충란의 논에 모여 모심기를 하며 노래를 부른다.

"어~ 혀이 어~ 혀이 어~ 혀이 여루 상사디여/ 모손을 갈라쥐고 거듬거듬 심어나 보세/ 여여허~여~여허루~상사디이~여."

초희는 아낙들 옆에 앉아 농사꾼들의 들소리를 한글로 흙바닥에 써나간다. 초희를 통해 살아 있는 들소리가 한글로 그대로 채록된다.

양반집 자식이 언문을 쓰고 동네 아이들에게 가르치고 다닌다고 공침이가 어른들에게 일러바치려고 할 때 공찬은 이렇게 말한다.

"배우는 데는 귀천이 따로 없어. 임금님께서 훈민정음을 널리 배우고 익히라고 하셨는데 무슨 잘못된 거라도 있느냐?"

이렇게 자연스럽게 들소리가 등장하고 설씨 부인의 〈권선문〉이 등장한다.

김재석 작가가 말한다.

"문학은 역사에 피와 살을 붙이는 과정이라고 생각한다. 그냥 문화재가 아니려면 그곳에서 노닐어야 한다. 시대를 벗 삼아 화양연화처럼 그 문화를 즐기는 사람. 문학이 그런 역할을 할 수 있으면 좋지 않겠는가."

역사를 이야기로 만들어 현실에서 생생하게 체험하게 만드는 힘, 문학의 힘이다. 이를 되살려 현재화하는 것, 우리들의 몫이다.*

2부_너, 나를 비추는 또 다른 모습

나의 감성을
깨우는
책한권의 힘

#3부 | '우리'라는 네트워크 바다에서 나는 표류자인가?

15 아낌없이 주면 다 사랑이야?! ·········· 134
〈아낌없이 주는 나무〉 쉘 실버스타인

16 가족끼리 왜 이래? 빠져나갈 구멍은 줘야지! ·········· 142
〈변신〉 프란츠 카프카

17 목표지향적 인간, 추종할 만한 인간형일까? ·········· 148
〈모비 딕〉 허먼 멜빌

18 낙인찍기, 우리 안의 더러움일까, 두려움일까? ·········· 156
〈주홍 글자〉 너새니얼 호손

19 캐스트 어웨이cast away, 나는 네트워크의 바다에서 표류하는 조난자일까? ·········· 164
〈로빈슨 크루소〉 다니엘 데포

20 선택은 착각일까, 자유의지일까?! ·········· 170
〈1Q84〉 무라카미 하루키

15 아낌없이 주면 다 사랑이야?!

아낌없이 주는 나무/ 쉘 실버스타인

미국의 아동문학가 쉘 실버스타인의 〈아낌없이 주는 나무〉를 다시 읽는다. 분도출판사의 이 책은 '1975년 10월 초판 발행' 되었다. 어려서 읽었을 때는 표면적인 이야기의 흐름을 따라가면서 마음이 매우 따뜻했던 기억이 난다.

나도 한때는 어리광부리는 아이였지. 아낌없이 주는 나무의 소년처럼….

옛날에 나무 한 그루가 있었다. 나무에게는 사랑하는 소년이 있었다. 어린 소년은 나무에게로 와 떨어지는 나뭇잎을 한 잎 두 잎 주워 모아 왕관을 만들어 머리에 쓰고는 숲속 왕자 놀이도 하고 나무줄기를 타고 올라가 그네도 뛰고 사과도 따 먹곤 했다. 나무와 숨바꼭질도 하고 그늘에서 단잠을 자기도 했다. 시간이 흘러 소년이 성장하자 나무는 홀로 있을 때가 많아졌다. 어느 날 소년이 찾아오자 나무는 너무 기뻤다. 하지만 어린 시절을 잊어버린 소년은 이제 나무와 함께 놀기보다 자신에게 부족하고 필요한 것들의 욕망을 나무에게 쏟아놓는다. 나무는 소년이 물건을 사고 신나게 놀 수 있게 돈을 주고 싶었다. 소년은 나무 위로 올라가 사과를 양껏 따서 수레에 가득 싣고 떠나버렸다. 떠나간 소년은 오래도록 돌아오지 않았다. 세월이 흘러 외로움으로 슬퍼하던 나무에게 소년이 돌아왔다. 나무는 기뻐 온몸을 흔들었다. 소년은 나무에게 이제 어른이 된 자신의 '욕망'을 쏟아놓는다. 따뜻한 집, 아내, 그리고 어린아이를 갖고 싶은 소년에게 나무는 자신의 가지를 베어가라고 말한다. 가지를 몽땅 베어 소년은 나무의 시야에서 사라져갔다. 중년이 된 소년이 오랜 고독의 시간을 지나 나무에게로 왔다.

"이리 온, 애야. 나와 함께 놀자꾸나."

소년이 말한다.

"난 너무 나이 들고 비참해. 여기로부터 더 멀리 떠나기 위해 배 한 척이 있었으면 좋겠어."

소년은 나무 밑둥을 남겨놓고 몽땅 잘라 배를 만들어 멀리멀리 떠나버렸다.

'그래서 나무는 행복했지만', '정말 그런 것은 아니었다.'

다시 오랜 세월이 지나 소년이 돌아왔다. 소년은 이제 허리도 제대로 펴지 못하는 노인이 되었다. 나무는 소년보다 먼저 이렇게 말했다.

"애야, 미안해. 이제 너에게 줄 것이 아무것도 없구나."

목숨이 얼마 남지 않은, 노인이 되어 버린 소년이 말한다.

"난 이가 나빠 사과를 먹을 수도 없어. 이제 내게 필요한 건 별로 없어. 앉아서 조용히 쉬고 싶을 뿐이야. 너무 피곤해."

나무는 안간힘을 다해 굽은 몸뚱이를 펴면서 "앉아서 쉬기에는 늙은 나무 밑둥이 그만이지. 애야. 이리로 와 앉아서 쉬렴."

소년은 시키는 대로 했고 나무는 그래서, 행복했다.

어려서 읽을 때는 '아, 이제 나무는 행복하겠구나. 노인이 된 소년도 행복하겠구나. 그럼 두 사람 다 행복해진 거로구나.' 생각했다. 꽤 많은 시간을 경과하면서 다시 읽기를 계속하니 경험이 부족해 놓쳐버렸던 많은 의미들이 수면 위로 떠 오른다. 아낌없이 준다는 건 어떤 의미일까. 우리는 서로 사랑이라는 이름으로 무엇을 어떻게 주고받고 있는 것일까.

김용임여사의 큰 언니가 일주일쯤 하늘빛정원에서 머물다 가셨다. 그녀는 이제 90세가 다 되었다. 그녀는 귀가 잘 들리지 않지만 눈빛은 밝고 맑았다. 목소리는 쩌렁쩌렁했다. 몸피는 아주 작았고 많은 양의 식사를 하지 못했다. 무엇보다 그녀는 편식이 심했다. 먹고 싶은 것만 먹었다. 식사할 때는 조용히 아무 말 없이 먹어야 한다고 생각했다. 몸이 허약하고 노인이기 때문에 대접받는 것은 당연하다고 생각했다. 나이가 들었는데 더이상 무엇을 배워야 하느냐고 되물었다. 늙었으니 배움은 이제 더이상 의미가 없다고 말했다.

"이 나이에 배워서 얻다 쓴다냐?"

내가 제안한 그림 그리기도 싫고, 한글 연습하는 것도 싫고, 숫자 공부하는 것도 싫었다. 죽을 날이 가까운데 무엇을 왜? 배워야 하느냐고 물었다. 하지만 그녀에게도 나에게도 김용임여사에게도 공평하게 주어진 것이 바로 24시간이다. 이 24시간 동안 나의 하루는 눈이 빙빙 돌 만큼 바쁘게 운용된다. 우리는 지구별 여행자이므로 지구별 여행을 통해 무언가 가슴 속에 빛나는 별 하나쯤은 새기고 지구별을 떠나야 하지 않을까, 늘 생각한다. 과거와 현재와 미래가 지금, 여기에서 와글바글 살고 있으므로 우리가 지향해야 할 곳은 '지금, 여기'를 꿈의 공간으로 바꿔나가는 작업이어야 한다고 나는 생각한다. 그러나 큰이모는 시간을 어떻게 해야 할지 난감하면서도 새로운 세상에 대한 호기심은 이미 버린 지 오래였다. 그녀는 똑같은 말을 똑같은 톤으로 수십 번을 발화하곤 했다. 그녀에게는 비바람 없이 자란 평화만 존재할 뿐, 고난과 투쟁을 통해 얻어낸 결실이 없어 보였다. 그녀에게 내일은 존재하지 않았고 그저 박제된 어제만 남아 있다. 수십 년 전에 경험했던 사건들을 무한반복 서술하는 것이 그녀의 일과였다. 마지막 날, 북카페에서 식사했다. 그녀는 북카페를 보고 깜짝 놀라면서 이렇게 말했다.

"이렇게 넓고 좋은 곳을 왜 이제야 보여주냐?"

하지만 '이렇게 넓고 좋은 곳'은 그녀가 일주일 전에 도착할 때 이미 보았던 풍경이었다. 그녀에게는 최근에 일어난 사건을 저장할 단기 기억공간이 사라져버렸다. 그녀에게 남은 것은 어제의 공간과 지금, 여기인데 지금, 여기는 과거를 회상하는 동어반복의 공간, 그 이상이 아니다.

김용임여사는 나의 어머니다. 김용임여사의 남편, 즉 나의 아버지가 돌아가시고 우리는 한 집에서 살게 되었다.

"엄마, 오늘부터는 저랑 같이 살아요. 오늘부터는 은행, 동사무소, 혼자 다녀오세요. 버스, 혼자 타는 연습해보세요. 수영장? 혼자 가세요."

처음에 김용임여사는 나를 '나쁜 년'이라고 했다. 늘 아버지로부터 보호받아왔으므로 '독립하라'는 나의 말이 절망처럼 느껴졌을 것이다. 6개월이 지나자 그녀는 나에게 이렇게 말했다.

"내 친구들은 버스도 혼자 못 타고야, 은행도 혼자 못 가야. 그게 얼마나 쉬운 일인디!"

6개월 만에 그녀의 생각이 변한 것이다. 진정한 사랑이란 상호독립에 있다. 서로 주체가 되어 거울을 바라볼 때만 거울 속 대상은 비로소 웃는다. 사랑이라는 이름으로 무엇을 어떻게 아낌없이 줄 것인가. 곰곰.*

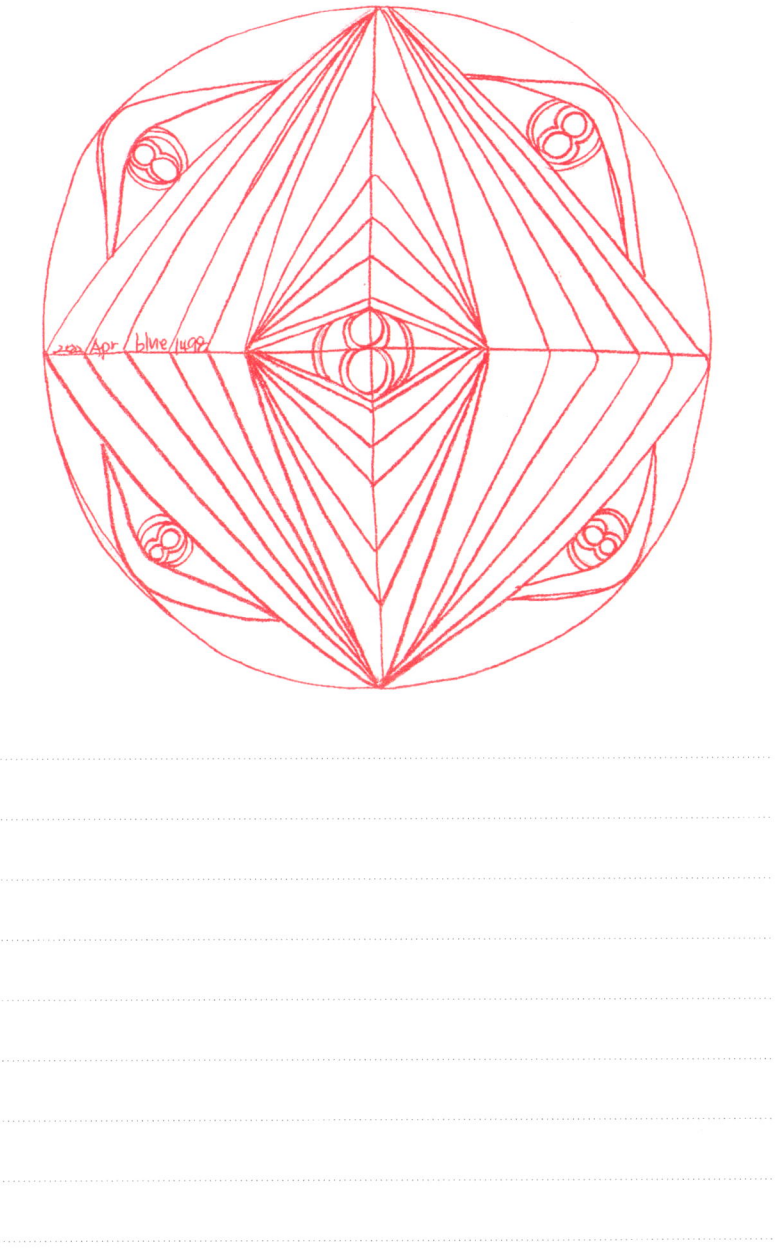

16 가족끼리 왜 이래? 빠져나갈 구멍은 줘야지!

변신/ 프란츠 카프카

'책은 도끼다' 라는 표현을 우리는 안다. 이 표현은 프란츠 카프카가 남긴 말이다. 그에게 책은 도끼였을까. 우리의 정신에게 도끼의 역할이란 무엇일까. 기존의 관습적인 생각들을 잘라내고 새로운 생각으로 새로 태어나는 것이 아닐까. 어제의 나로서 오늘을 사는 것이 아니라 새로운 마중물을 퍼 올리는 깊은 우물 같은 존재로의 승화, 그것이 책의 역할이 아닐까.

미래학자인 앨빈 토플러는 말한다.

"21세기의 문맹은 읽고 쓸 줄 모르는 사람이 아니라 배우기를 멈춘 사람, 낡은 것들을 과감히 버릴 줄 모르는 사람, 그리고 다시 배우기를 멈춘 사람을 의미한다."

프란츠 카프카는 현대문학에서 위대한 자리를 차지하고 있다. 그의 문학을 사르트르는 실존주의 문학으로, 알베르 카뮈는 내면을 날카롭게 해부한 부조리문학으로 파악한다.

그의 친구이자 편집자인 막스 브로트는 '도달할 수 없는 신의 존재를 추구하는 정교한 사유의 탐색 과정' 을 살았던 작가라고 평가했다.

우리나라에 번역된 카프카의 작품을 모두 찾아서 읽어보았다. <아버지에게 부치지 못한 편지>까지 찾아서 읽었다. 그리고 내린 결론은 '뛰어난 두뇌와 문학적 재능을 지니고 있으나 어렸을 때 아버지로부터 경험한 트라우마를 극복하지 못하고 그것을 문학적으로 승화시키지도 못하고 트라우마 안에서 허우적거리다 결국 삶을 포기한 사람'이라는 것. 나는 왜 그렇게 가혹한 결론을 내리게 되었을까.

카프카는 내면의 공포를 '스토리 텔링'을 통해 우리에게 가감 없이 보여준다. 이것을 대단한 용기를 필요로 한다. 나를 대중 앞에서 발가벗기는 작업이 바로 글쓰기라고 본다면 문학의 첫 번째 역할은 치유이므로. 그러나 문학의 두 번째 역할은 성숙 또는 도약이라고 볼 수 있다. 치유로서의 문학은 나와 나의 환경(이것은 정서적, 심리적, 물리적 환경을 모두 포함한다)을 나의 감성대로 표현해내는 것이다. 말하자면 지금 내가 경험하고 있는 사건들을 '나'라는 하는 주체가 경험하는 구체적인 상황으로 드러냄으로써 타자에게 나를 여는 공간을 확보하는 것이다. 지금 나의 상황이 이렇다는 것을 공개적으로 드러내는 과감한 작업인 셈이다. 부끄러움을 무릅쓰고 나를 드러내는 과정, 이것이 글쓰기 입문이고 상처를 있는 그대로 드러냄으로써 나의 첫 글쓰기는 통과의례를 지나간다. 다음 과정은 심화 단계다. 나의 글쓰기가 타자와 공감의 영역을 불러일으키고 그것은 독자와의 교감을 통하여 다른 단계로 진입한다. 치유의 단계를 지나면 성장 단계를 지나 도약 단계로 진입해야 한다. 그리고 나면 나의 글을 이루었던 상황과 고통과 트라우마들이 객관화되면서 나는 그 고통의 공간으로부터 멀찍이 떨어져 나와 산의 정상에서 땀을 씻으며 세상을 내려다보는 여유로운 단계에 도달하게 된다. 나의 글쓰기는 그렇다.

카프카의 대부분의 책들은 출구가 없다. '문제'는 있지만 '문제의식'은 없다. 그는 고통을 '묘사'하지만 고통으로부터 탈출할 '방법'을 모른다. 혹은 방법을 찾으려고 하지 않는다. 이것은 아마도 그의 어린 시절의 트라우마에서 비롯된 것일 테다. 그는 어려서 아버지의 권위를 폭력적인 방법으로 경험했고 아버지의 사랑이 아닌 무소불위의 건조하고 무미한 권력을 경험했다. 어린 그에게 압도적인 아버지의 권력은 그를 평생 왜소한 존재로 남게 했다. 그는 겉으로 보아 매우 잘 생겼으며 뛰어난 두뇌를 지니고 있었고 건강 상태 또한 양호했다고 한다. 하지만 그는 끊임없이 건강염려증에 시달렸다.

그의 책 <변신>은 설명이 필요 없을 정도로 많은 독자들에게 읽히는 책이다. 평범한 외판원이었던 그레고르 잠자. 어느 날 아침 일어나 보니 커다란 '벌레'가 되어 있었다. 놀라움도 잠시, 그는 몸은 변했어도 말짱한 정신을 지니고 있으므로 상황을 파악하기 시작한다. 그에게 경제적으로 의존하고 있던 아버지와 어머니, 그리고 여동생은 처음에는 그가 '벌레'로 변한 사실에 놀라지만 그를 보살핀다. 하지만 시간이 지날수록 경제적인 원조로부터 멀어진 가족들은 그야말로 그를 '벌레 취급'하게 되고 그레고르 잠자는 가족을 위해 스스로 목숨을 끊고자 결심한다. 가족이라는 이름으로 요구되는 의무감과 단절, 철저한 고독 속에서 그는 스스로 배제된 죽음을 강요 당하지만 그것이 스스로의 결정이라고 '착각' 한다.

<변신>은 문학적으로 보면 매우 기발한 발상이고 이것을 현대문명과 결부시켜 보면 ' 아하! 그래그래, 참으로 멋진 문학작품이야' 라고 말할 수도 있다. 그러나 그의 삶과 <변신> 이외의 작품들을 모두 통합해서 바라보면 그는 자신의 삶을 스스로 극복해내지 못하고 어린아이처럼 칭얼칭얼 투정을 부리는데 자신의 문학적 재능을 쏟아부은 것처럼 보인다.

진정한 실존 문학이라면 나 자신을 극복하는 지점까지 도달해야 한다. 카프카를 연구했던 데이비스 제인 메어로위츠는 말한다.

"카프카는 사는 동안 거의 내내 세심하게 고안해 낸 십여 가지 방법으로 자신이 소멸당하는 장면을 상상했다. 카프카는 때로는 유쾌하게 환기되는 이런 내면의 공포를 '스토리 텔링'—갈가리 찢기고 잘린 자신을 이야기의 중심에 둔—으로 드러내 보였다. 카프카의 작품에는 독자와 공유할 뚜렷한 세계관도, 지배적인 철학도 없다. 오로지 보통 이상으로 예민한 잠재의식에서 나오는 어지러운 이야기가 있을 뿐이다."

문학이란 다양한 기능을 담당한다. 읽는 독자들에게도 쓰는 작가들에게도 그렇다. 문학을 실용적으로 파악하여 읽은 뒤에 좋은 느낌만 들어야 한다고 말하고 싶은 것이 아니다. 문학은 독특한 한 개인의 체험이다. 이 체험을 공유하겠다고 한다면 나의 정신적 성숙과 지향 direction이 중요하다. 카프카의 <소송>이나 <성>은 접근할 수 없는 높은 권위의 문제를 다룬다. 넘을 수 없는 벽, 체념을 그의 작품에서 느낀다. 그의 이 정서를 우리가 교감하는 것까지는 나쁘다고 할 것이 없다. 그러나 문학은 일종의 '해석'이다. 문학적 정체성을 뚜렷하게 확보하지 않고서 글을 쓰게 되면 그 글을 읽는 독자들도 미망을 헤매게 된다. 개인적으로 카프카의 삶은 고통스러웠을 수도 있고 혼란스러웠을 수도 있다. 그것을 문학적으로 승화시키기 위해서는 작가가 충분히 성숙한 정신 상태에 도달해야 할 필요가 있지 않을까.

이것은 나의 문학적 취향일 수도 있다. 댄디이즘의 보들레르도 미성숙했던 존재로 문학적 천재성을 우리에게 보여주었다. 하지만 문학은 감각적 경험을 공유하는 독특한 공간이라고 한다면 나는 일개인을 훌쩍 넘어선다. 문학은 함께 나아가는 신비한 공간이다.*

17 목표지향적 인간, 추종할 만한 인간형일까?

허먼 멜빌/ 모비 딕

> 모비 딕Moby Dick, 한 마리 희고 혹이 나 있는 거대한 고래. 이 고래를 잡기 위해 대양을 누비는 포경선 선장의 이야기. 처음에 발간되었을 때 독자들을 당혹하게 만들었던 소설. 시점도 불분명하고 수필처럼 산문적이기도 하고 희곡 같기도 한 정체가 묘연한 소설. 그래서 이 책을 헌정을 받았다는 너대니얼 호손도 칭찬하지 못했다는 소설. 이 소설은 1851년 10월, 영국 런던에서 〈고래〉라는 제목으로, 한 달 뒤에 뉴욕에서 〈모비 딕〉으로 제목이 바뀌어 세상에 나왔다. 당시에는 빛을 보지 못하고 사장되었다가 1891년 멜빌이 지구별을 떠나고 30년이 지나서야 레이먼드 위버라는 한 평론가 덕분에 빛을 발하기 시작했다.

당대의 기준을 미리 넘어서 버린 예술가들이나 철학자들은 시간의 파도를 넘어서도 살아남는다. 고흐도 그렇고 고갱도 그렇다. 앙리 루소도 그렇고 멜빌도 그렇다.

쓰고 싶어서 쓰는 글은 간절함이 묻어 있다. 시간이 지나도 퇴색되지 않는 것은 바로 그러한 열정 덕분일 것이다.

'지금, 여기'는 무한히 재생된다. 그러나 모두 완전히 다른 '지금, 여기'를 우리는 살아간다. 소설이든 시든 그림이든 음악이든 그것을 창조하는 이의 자세attitude는 글 속에 스며들어 사라지지 않고 오래

오래 살아남는다. 그가 지구별을 떠난 지 100년이 훨씬 지난 지금, 멜빌은 셰익스피어나 괴테만큼 위대한 작가라고 기억된다. 그가 뉴욕에서 지구별을 떠났을 때 그의 사망 소식을 잊어버린 신문사는 며칠이 지나서야 몇 줄의 글로 그의 사망 소식을 알렸다고 한다. 그는 사람들에게 잊혀진 채로 쓸쓸하게 지구별을 떠났지만 작품 속에서 늘 현재형으로 살아나는 빛나는 존재가 되었다. 헤밍웨이의 <노인과 바다>도 그렇지만 멜빌의 <모비 딕> 역시 작가 자신의 체험이 없었다면 이 세상에 나올 수 없는 소설이다.

멜빌은 부유한 상인 집안에서 태어났지만 13세 때 아버지의 파산으로 고난의 삶을 경험하게 된다. 이후 아버지의 죽음과 지나치게 엄격한 어머니의 구속을 벗어나 바다로 향한다. 그는 포경선을 타고 힘든 선원 생활도 하고 식인종에게 붙잡혀 죽을 고비를 넘기기도 한다. 해군 생활을 하기도 하는데 이 모든 경험을 소설 안에 녹여냈다.

이야기 속으로 들어가 보자. 화자는 이스마엘이고 그의 회상으로 소설은 진행된다. 이스마엘은 구약 성서 창세기에 나오는 '쫓겨난 자', '떠도는 자'라는 뜻이다. 그는 선원으로서 특별한 재능은 없지만 궂은 일을 하면서라도 배를 타고 먼 바다로 나가고 싶어 한다. 포경선. 고래잡이배. 괴상하고 신비로운 바다 괴물을 잡는다. 그의 호기심은 고래잡이에 대한 온갖 상상력으로 가득하다. 포경선의 집합지로 유명한 뉴베드퍼드를 지나 낸터키트를 향해 가는 이스마엘. 은화 몇 잎밖에 없는 이스마엘은 추레한 여관에서 식인종 부족장의 아들인 작살잡이 퀴퀘그를 만난다. 추악하고 흉측하게 생긴 퀴퀘그를 보고 공포감에 사로잡히지만 곧 둘도 없는 사이가 된다. 자본주의 논리에 익숙하지 않은 퀴퀘그는 자신이 가진 30달러가량 되는 은화를 책상 위에 늘어놓고 두 몫으로 나누더니 한쪽을 밀어 이스마엘에게 가지라고 한다. 문명인으로서의 편견을 지녔던 이스마엘은 퀴퀘그를 통해 많은 것을 새롭게 인식한다. 이스마엘이 발품을 팔아 타게 된 포경선의 이름은 피쿼드 호.

"화 잘 내는 훌륭한 선장 밑에서 일하는 것이 잘 웃지만 무능한 선장과 일하는 것보다 훨씬 낫다는 것을 항시 기억하라."

이스마엘은 피쿼드 호에 승선하여 다양한 인물들과 상황들을 만난다.

"고래를 두려워하지 않는 사람은 절대로 내 배에 태우지 않는다."

일등 항해사 스타벅의 말이다. 그는 '가장 믿을 만한 용기란 위험을 공정하게 인식하는 데서 생겨나며 또한 두려움을 모르는 인간은 때로 겁쟁이보다 더 위험하다'고 생각한다.

이등 항해사 스텁은 겁쟁이도 용사도 아닌 낙천가다.

"고래를 잡기 위해 내가 죽는 것은 바보 같은 짓이지."

스텁은 오랜 경험으로 단련되어 거친 파도나 사나운 폭풍우도 죽음의 문턱도 안락의자처럼 편안하게 받아들인다. 삼등 항해사 플라스크는 매우 전투적이다. 고래는 원수와 같아서 만나는 순간 끝까지 쫓아가서 죽여야 한다. 그리고 우리의 주인공. 모비 딕을 지구 끝까지라도 쫓아가서 죽여야 한다는 강박에 사로잡혀 있는, 분노의 전사, 에이허브 선장. 그의 왼쪽 다리는 말향고래의 턱뼈를 깎아서 만들었다. 그는 왼쪽 다리를 말향고래인 모비 딕과의 사투에서 잃어버렸다. 그의 표정은 단호하고 두려움을 모르며 한없이 굳센 정신과 흔들림 없는 고집으로 가득하다. 그에게는 오직 한 가지 목표밖에 없다. 모비 딕을 잡는 것. 그는 선원들에게 외친다.

"이건 16달러짜리 스페인 금화다. 이마에 주름이 지고 턱이 굽고 머리에 혹이 난 흰고래를 발견한 사람, 오른쪽 옆구리에 구멍이 셋 뚫린 흰고래를 발견해 전해주는 사람에게는 이 금화를 상으로 준다. 알겠는가?"

에이허브 선장은 자신의 돛대를 빼앗고 자신의 왼발을 빼앗고 죽은 그루터기 말향고래 뼈를 왼발로 대신하게 만든 모비 딕에 대한 분노로 가득 차 있다. 피쿼드 호의 30여 명의 선원들은 말향고래를 잡기 위해 배를 탔지 에이허브 선장의 복수를 위해 배를 탄 것이 아니다. 일등 항해사 스타벅은 말한다.

"에이허브 선장님, 우리는 고래를 잡으러 왔지 당신의 원수를 갚으러 온 것이 아닙니다. 말 못하는 짐승을 상대로 복수를 하다니요! 이건 미친 짓입니다."

하지만 에이허브 선장에게 모비 딕은 때려 부숴야 하는 '벽'이다. 그는 모욕을 당했다면 태양에게라도 덤벼들어야 한다고 생각한다. 그는 매일 밤 5대양의 해도를 펼쳐 놓고 펜으로 가득 표시를 하거나 지우면서 일심으로 모비 딕을 향해 가고 있었다. 그의 격렬한 생각은 온종일 계속되었고 꿈속에서도 예외가 아니었다. 그의 복수심은 30여 명의 선원들에게도 점점 이입되기 시작한다. 시간이 지나면서 30여 명이 모두 한 사람의 에이허브 선장이 되어 간다.

이것은 일종의 펜듈럼이다. 목표지향적인 삶은 나쁘지 않다. 그러나 복수의 화신으로서의 삶은 무용하다. 그것은 나 자신에게 돌아오는 날카로운 화살과 같다. 어려서 읽을 때는 그의 용맹함에 손을 들어주었다. 그러나 지금 읽으면서 그의 헛된 목표에 허망함을 느낀다. 우리는 지구별 여행자다. 이 여행의 끝에서 무엇을 만나고 싶은가. 날마다의 삶이 우리를 죽음으로 이끌고 있다. 삶의 마지막 순간. 죽음과 조우하는 순간에 우리는 자신의 삶을 어떻게 규정할 수 있을까. 복수? 물욕? 성장? 성숙? 도약? 모두 자신의 몫이다. 에이허브 선장처럼.*

18 낙인찍기, 우리 안의 더러움일까, 두려움일까?

주홍 글자/ 너새니얼 호손

〈큰 바위 얼굴〉이라는 이야기가 있다. 한 마을에 어니스트라는 소년이 살고 있었다. 소년의 마을에는 바위에 커다란 인물이 새겨져 있었다. 어니스트는 큰 바위 얼굴을 보며 평생을 살았다. 그는 부지런하고 친절했으며 소리 없이 선행을 베풀었다. 어니스트는 사업가, 장군, 정치가 등을 큰 바위 얼굴이라고 생각했지만 그들은 영악하고 탐욕스럽고 천박했으며 자애롭거나 지혜롭지도 않았다. 권력과 명예욕에 찌들어 우울함이 가득한 그들의 얼굴은 큰 바위 얼굴이 아니었다. 어니스트는 그렇게 나이 들어 갔고 한 시인에 의해 큰 바위 얼굴이 바로 어니스트라는 놀라운 사실을 깨닫지만 어니스트는 자신보다 더 현명한 사람이 큰 바위 얼굴로 나타나기를 마음속으로 기원한다.

이 이야기를 쓴 사람이 바로 〈주홍 글자〉의 저자인 너새니얼 호손이다. 호손은 1804년 미국 메사추세츠 주의 세일럼에서 태어났다. 결혼 자금 마련을 위해 보스턴 세관에서 일했고 세일럼에서 검사관으로도 일했다.

〈주홍 글자〉의 서문은 매우 길다.

본문 내용과 어떤 연관이 있는지 7번쯤 읽어도 잘 이해가 되지 않았는데 8번째 읽을 때에야 아! 하는 탄성이 나왔다. 실제로 서문을 이해하지 못한 독자들은 심한 비난의 말을 퍼부으면서 서문을 없애달라고 요청하기도 한 모양이다.

'주변의 점잖은 사회에 전례 없는 격분을 불러일으켰' 지만 그럼에도 불구하고 자신은 이 책 자체에 해가 되지 않을뿐더러 '이보다 더 선하고 친절한 마음으로, 또 저자의 능력이 허락하는 만큼 더 생생한 진실의 효과를 전달하면서 쓸 수는 없었으리라' 생각하므로 '단 한마디도 바꾸지 않고' 재출판했다. 서문을 읽노라면 그의 실제 행적과 서문 내용은 거의 일치하는 것 같다. 말하자면 픽션과 논픽션을 자유롭게 오가며 쓴 것이다. 호손의 위트와 재치를 느낄 수 있는 대목이다. 그는 수다쟁이다. 에둘러 표현하므로 몇 번 곱씹어야 이해하게 만든다.

나는 이 책을 중3 때 처음 읽었다. 대문자 A가 무겁고 버겁게 느껴졌다. 중3 때라면 한참 감수성이 예민할 시기다. 지금은 학교에서도 성에 관한 기본적인 교육을 하는 사회가 되었지만 수십 년 전에 성이라는 것은 언어로 표현되어서는 안 되는 영역이었다. 가부장적인 사회에서 여성의 몫은 별로 많지 않았다. 그런 상황에서 <세계문학전집> 속에 들어 있었던 <주홍 글자>는 어린 독자였던 나에게 무거운 족쇄처럼 느껴졌다. 단 한 번 읽었는데도 내용이 각인되었고 A라는 글자가 가슴에 새겨졌다.

몇 년 전 도서관 상주 작가로 <고전 읽기>라는 프로그램을 진행한 적이 있다. 한 번 읽는 것으로 만족하지 말고 두 번, 세 번, 반복해서 읽어보자고 제안했다. 참여했던 이들은 불만이 많았다. 하지만 두 번 읽기 시작한 지 얼마 안 되어 대부분 이렇게 고백했다.

"아, 처음에는 이해가 가지 않았는데 두 번째 읽으니 아하! 하는 영역들이 넓어져요. 다시 읽으니 새롭게 해석되네요. 왜 작가님이 자꾸 다시 읽으라고 했는지 이제야 알겠어요."

<고전 읽기>를 통해 다시 만나게 된 <주홍 글씨>는 <주홍 글자>로 바뀌어 출간되고 있었다. 생각해보니 '글씨'가 아니라 '글자'가 맞구나, 뒤늦게 깨달았다. 우리는 왜 우리에게 오는 것들에 대해 질문하지 않을까. 이런 예도 있다. 중고등학교 때 '바하'라고 불렀는데 어느 사이 '바흐'로 발음해야 맞다,는 것이다. 익숙해지는데 시간이 많이 걸렸다. 한 번 상식이라고 정해져 버리면 새로운 규칙에 적응하기가 힘들어진다. 질문이 사라지면 의심할 것이 없어진다. 의심이 없어지면 호기심도 사라진다. 호기심이 사라진 자리에 익숙함과 편협함, 에고와 고집이 들어선다. 남의 이야기에 귀 기울이지 않고 먼저 나를 주장하는 습관적인 존재가 된다.

<주홍 글자>는 호손이 자신의 조상에 대한 죄스러운 마음을 사죄

하는 책이기도 하다. 판사이며 교회 지도자였던 한 선조가 여성 퀘이커 교도를 마녀사냥으로 가혹하게 처리했다. 그는 조상들의 잔혹 행위에 대해 부끄러움을 갖고 있었고 그들이 초래한 저주가 사라지게 해 달라고 빌었다. 서문을 읽다 보면 말미에 그가 어떻게 17세기에 살았던 '헤스터 프린'이라는 여성의 이야기를 손에 넣게 되었는지 알게 된다. 바로 이 지점에 도착하기 위해 그는 구구절절한 세관 풍경을 묘사했던 것이다. 그는 세관 사무실에서 우연히 낡고 누런 양피지 속에 조심스럽게 싸인 작은 소포를 발견했다. 퓨 검사관이 세일럼의 역사를 기록했던 것. 그는 서류 뭉치들 사이에서 낡고 퇴색한, 빨간 천으로 된 물건을 만난다. 금색으로 수놓아져 있지만 너무 닳고 해졌다. 원래 광채는 사라졌지만 뛰어난 바느질 솜씨임을 쉽게 알아본다. 대문자 A. 퓨 검사관은 '헤스터 프린'이라는 한 여성의 생애와 그에 얽힌 사람들의 담화 등 많은 것들을 소상히 적어 놓았다. 17세기 말까지 살았던 그녀는 일종의 자원 간호사였고 많은 사람들로부터 찬사를 받을 만큼 존경받았다. 그는 그녀의 행위와 고난에 관한 기록을 발견했고 세관을 그만 두게 되자 그녀의 이야기를 썼다. <주홍 글자>는 바로 그녀의 이야기다.

드디어 서문을 지나 '제1장'이 펼쳐진다. 감옥 문 앞이다. 헤스터 프린이 아기 펄을 안고 철제 꺾쇠가 달린 참나무 문으로 만든 감옥에서 걸어 나온다. 17세기는 청교도의 시대로 종교와 법이 다르지 않았다. 하느님의 나라를 지상에서 구현하고자 했던 그들은 죄에 대하여 참으로 엄격했다. 그러나 생각만큼 그들의 삶 또한 죄로부터 자유로운 하나님 나라를 구현하는 데 성공했을까. 호손은 바로 이 지점을 들여다보고자 현미경을 갖다 댄다. 도덕적 이상 사회를 구현하고자 했으나 내밀하게 들여다보면 뒤틀린 욕망과 억압이 얼마나 만연했는지 드러내 보여주고 싶었다. 헤스터의 전 남편이자 의사인 늙은 칠링워스의 위선을 보여준다. 칠링워스가 헤스터에게 복수하기 위해 어떻게 타락한 영혼으로 변해가는지, 어떻게 인간성을 상실해가는지, 복수와 영혼을 맞바꾸면서 얼마나 초라해지는지 우리는 호손의 뒤를 부지런히 따라 걸으며 귀를 기울인다. 헤스터와 관계를 맺고 펄을 낳았지만 사실을 은폐함으로써 고통받는 딤스데일 목사 또한 도덕적 위선으로 포장된 죄의식의 표본이다. 그녀를 비난하는 마을 사람들, 그녀의 선행으로 도움을 받으면서도 짐짓 모르는 체하는 사람들도 모두 종교적 위선 뒤에 숨어 드러난 죄로 고통받는 헤스터의 반대편에 존재하는 사람들이다.

딤스데일 목사는 이렇게 표현되었다.

'그렇게 그는 부단한 내적 성찰의 표본이 되었지만 이 성찰로 자신을 고문했을 뿐, 자신을 정화시키지는 못했다. 기나긴 철야 기도를 하면서 그의 머리는 자주 어지러웠고 환영들이 눈앞에서 날아다니는

것처럼 보였다.'

헤스터는 자신이 떠났던 외딴 해안가 오두막으로 다시 돌아온다. 오랫동안 치욕이었던 주홍 글자를 이국땅에 사는 사람들의 사랑과 관심을 받고 있다는 표지로 역전시켜 버린 그녀. 그녀의 사람들에 대한 헌신과 사랑. A라는 가슴의 표지가 더이상 세상의 경멸과 비난을 받는 낙인이 아닌 오히려 슬퍼해야 하고 두려움으로, 또는 존경심으로 바라보아야 할 어떤 것의 표본으로 만들어버린 헤스터. 아무런 이기적인 목적도 갖지 않고 자신의 이익과 쾌락이 아니라 고통을 겪는 사람들과 어려움에 처한 사람들을 말없이 돕는 천사로서 각인된 헤스터는 사람들에게 새로운 진리가 되었다.

'검은 바탕에 빨간 글자 A.' *

19 캐스트 어웨이cast away, 나는 네트워크의 바다에서 표류하는 조난자일까?

로빈슨 크루소/ 다니엘 데포

'세계 최고 거짓말쟁이'라는 표현을 비평가들로부터 받았다는 다니엘 데포는 17세기, 정확히 말하자면 1661년에 지구별에 도착해 1731년, 70세의 나이로 지구별을 떠났다. 그가 이 소설을 쓴 것은 58세다. 그의 인생 최초의 장편소설. 너무 사실적이어서 마치 그가 경험한 듯한 실제 이야기라고 독자들이 착각할 만큼 자세한 묘사로 가득 차 있어서 다니엘은 리얼리즘을 개척한 근대소설의 아버지라고 불린다. 다니엘은 '살아 있는 사전'이라고 불릴 정도로 다양한 분야에 관심을 가졌고 사물이나 상황을 적확하게 관찰하고 기억하고 분류할 수 있는 능력을 지니고 있었다. 그의 소설 〈로빈슨 크루소〉의 첫 제목은 〈요크의 선원 로빈슨 크루소의 생애와 이상하고 놀라운 모험담〉이다.

그가 쓴 〈로빈슨 크루소〉는 나의 독서력에서 가장 멀리, 말하자면 가장 어릴 때 읽었던 작품이다. 혼자서는 무서워서 화장실도 잘 가지 못했던 어린 시절, 혼자서 무인도에 떠내려와 살아가는 로빈슨 크루소가 나에게는 경외의 대상이었다.

며칠 전 오랜만에 가뭄을 해갈할 만큼 많은 비가 내렸다. 새벽부터 추적추적 내리기 시작한 비는 이틀 내리 쏟아졌다. 내가 거주하는 하늘빛정원은 큰 건물인데 세 개로 전기가 분전되어 있다. 그중 냉장고가 연결된 어딘가에 누전이 되는지 전기가 자꾸 나갔다. 어둠 속에 갇히자 사물을 분간하기 어려웠다. 다행히도 비가 조금씩 잦아들자 누전된 부분의 문제가 해결되었는지 더이상 전기가 나가지 않았다. 도시의 편리한 문명에 익숙해진 우리는 조금만 불편하면 짜증이 나거나 불안해진다. 이런 성정을 지닌 우리에게 전기도 없고 수도도 없고 밥통도 없고 불도 없다면 우리는 그것을 당연한 듯 적응해 나갈까. 이미 편리할 대로 편리한 세상에 익숙해진 우리에게는 조금의 불편도 매우 고통스럽지 않을까.

북카페에서 북스테이를 하면서 1박 2일을 보내게 되면 무척 불편함을 호소하는 영혼들을 만나게 된다. 그들은 투정이 많다. 이것은 이래서 불편하고 저것은 저래서 불편하다. 왜 그렇게 투정이 많은 걸까 싶었는데 언젠가 도시에 갈 일이 있어 친구의 새 아파트에서 자게 되면서 아하!하고 크게 깨달은 적이 있다. 너무너무 편리해서 인간 친화적인 문명의 이기가 인간을 참으로 말랑말랑한 존재로 만들어가고 있구나, 하는 생각이 들었다. 불편함에 대한 적응은 '인정'과 '수용'에서 온다. 불편함이 나를 키우는 마중물이라고 생각하기까지 먼 거리를 걸어야 한다. 편안함과 익숙함을 벗어나 불편하고 또 불편한, 그래서 고통스러운 환경에 놓이게 되면 우리는 그때에야 비로소 깨닫게 된다. 자신의 존재에 대한 각성의 순간이 온다. 인간은 사회적 존재로 혼자서 오랜 시간을 살아가기는 힘들게 구조화되어 있는 것 같다. 따라서 온전히 혼자 있게 되고 혼자서 생존해야 하며 혼자서 삶을 꾸려나가야 할 때를 상상하면 두려움에 사로잡힌다.

어려서부터 넓은 세계로 나가고 싶었던 로빈슨이 부모의 반대를 무릅쓰고 선원이 되어 세상을 돌아다니다가 해적선에 붙들려 노예가 되고 겨우겨우 도망쳐 나와 브라질에 가서 다시 배를 탈 수 있었던 것은 그만큼 바다를 사랑했기 때문이었을까. 풍랑에 배가 부서져 가라앉고 함께 했던 선원들은 모두 사라져버리고 혼자서만 무인도로 둥둥 떠내려왔다. 그는 난파된 배에 남은 일용품과 도구들을 뗏목으로 실어나른다. 바다가 보이는 곳에 거처할 공간을 만든다. 기둥에 날마다 날짜를 새겨놓으면서 날마다 똑같은 일상의 지옥으로부터 자신을 지켜낸다. 조금씩 시간이 지나면서 어둠에도 익숙해지고 지리에도 익숙해진다. 그는 사냥도 하고 땅을 개간해 농사도 짓고 야생동물을 길들이기도 한다. 해마다 한 해를 정리한다. 성경도 읽으면서 시간을 기록하는데 어느덧 20년을 보낸다.

그는 식인종들 사이에서 토인을 살려내고 '프라이데이'라는 이름을 붙여준다. 이제 드디어 친구가 생긴 것이다. 다분히 서구적 사고방식으로 프라이데이를 바라보지만 프라이데이는 로빈슨을 만나 로빈슨의 언어도 배운다. 우여곡절을 겪으면서 로빈슨은 28년만에 무인도를 떠나게 된다. 집을 떠난 해까지 합하면 그는 35년 만에 고향으로 돌아온다. 고향을 떠난 지 35년. 그리고 무인도에서 20년, 프라이데이와 함께한 8년. 인적은 없었으나 생명들이 있었으니 아마도 로빈슨은 미치지 않고 살아남을 수 있었을 것이다.

하늘빛정원에 길냥이들이 온다. 3년 전쯤 하늘빛정원으로 이사하고 얼마 후부터 두 마리의 길냥이들이 오기 시작했다. 이들은 곧 한 마리 새끼를 낳고 가족을 이뤘다. 하지만 가족이라는 개념은 별로 없어 보였다. 우리는 그들에게 보리와 나리, 그리고 콩이라는 이름을 붙여주었다. 아버지 보리는 어린 콩이가 6개월이 넘어가면서 성장하자 해코지를 하기 시작했다. 나리 옆에 있는 콩이가 청년으로 자라는 것이 못마땅한 듯보였다. 그리고 어느 날 보리는 저보다 더 큰 개와 싸우다 죽었다. 무리 지어 사는 모든 생물들은 사랑받기를 원한다. 이제는 나리도 자주 오지 않고 콩이만 하늘빛정원을 지킨다. 콩이는 필자의 어머니에게는 참으로 살갑다. 만약 콩이가 부재했다면 어머니는 적적했을 것이다. 생명은 혼자 이 세상을 겪어내기에는 버거운 존재다. 늘 기댈 누군가가 있어야 비로소 위안과 평화가 온다. 눈에 보이지 않는다면 마음속에라도 존재하는 누군가와 함께하(려)는 게 생명의 본능일까.

이제 우리는 네트워크의 바다에서 살고 있다. 어느 누구도 손에서 휴대폰을 놓(으려하)지 않는다. 만약 휴대폰을 잃어버리기라도 하면 불안해서 어쩔 줄 모른다. 이 광대한 정보의 바다에서 조난당하지 않기 위해 우리는 늘 초조하다. 초고속 인터넷이 깔려서 문자를 전송하는 순간 어딘가에 도착한다. 그러나 우리는 충분한 소통의 공간에서 살고 있을까. 우리의 네트워크는 소통의 바다일까, 불통의 바다일까. 전 세계가 일순간에 연결되는 www(월드 와이드 웹)의 세상이지만 그만큼 사람들은 고립되어 가고 있는지도 모른다. 네트워크의 역설이다. 이 네트워크 사회에서 생존하기 위해 나는 어떤 몸짓을 하고 있는지 곰곰.*

3부_ '우리'라는 네트워크 바다에서 나는 표류자인가?

20   선택은 착각일까, 자유의지일까?

1Q84/ 무라카미 하루키

무라카미 하루키의 〈1Q84〉는 2009년에 출간된 3권짜리 장편소설이다. 당시 이 책은 선풍적인 인기를 얻었다. 2020년, 1판이 56쇄를 찍었으니 얼마나 많은 사람들이 이 책을 읽었을까. 내가 이 책을 읽은 것은 2019년, 도서관에서 근무할 즈음이었다. 말하자면 이 책이 나온 지 10년이 지난 느즈막한 시점이었다. 무라카미를 개인적으로 좋아하고 소설로 등단할 때도 그의 30세 때 데뷔작인 〈바람의 노래를 들어라〉를 내용 안으로 끌어올 만큼 무라카미의 작품을 사랑하는 한 사람으로서 그의 작품을 10년이나 지나서야 읽은 이유는 무엇일까. 사실 특별한 이유는 없었다. 다만 '대중적으로 소비되는 트렌드'로서의 책은 사양하고 싶다는 생각은 했던 것 같다.

그리고 10년이 지나 펼친 3권의 책을 읽으면서 나는 참으로 행복하다고 느꼈다.

소확행. '작지만 확실한 행복'.

소설가 무라카미 하루키가 〈랑겔한스섬의 오후〉에서 적었다. 정신적 스트레스와 삶에 대한 중압감, 상대적 박탈감에 시달리는 현대인들에게 위안과 위로가 되어주는 단어.

함평에서 태어나 대학에서 조기퇴직하고 함평으로 돌아가 〈새말새몸짓〉을 가르치는 철학자 최진석이 '소확행'에 대해 해석한 짧은 영상을 본 적이 있다.

그가 말한다.

"소확행이란 '소소하지만 확실한 행복'을 의미한다. 하지만 일상을 생각 없이 살아가면서 스트레스에 휩싸여 있는 소시민적 언어인 이 '소확행'이라는 단어를 생각이 부재한 소시민이 아닌, 바로 무라카미라는 작가가 발음했다는 사실이 매우 중요하다. 무라카미라는 작가는 대단한 영성의 단계에 이른 것 같다. 그가, 삶을 깊이 고민한 그가 '소확행'을 발화한다는 사실, 바로 그것이 중요하다."

최진석은 철학은 명사가 아니라 동사라고 주장한다. 생각이 종속되면 가치관이 종속되고 결국 삶 전체가 종속된다. 그러므로 '지금과는 전혀 다르면서 한 단계 높은 차원의 시선'을 갖기 위해 우리 모두 노력해야 한다. 그것이 인문적 시선, 철학적 시선, 문화적 시선, 그리고 예술적 시선이 될 수 있도록. 그래서 최진석은 '배우는 철학'에서 스스로 '생각하는 철학'으로 바꿔나가야 한다고 말한다.

"아, 이렇게 따뜻하고 간절한 사랑 책도 있구나."

어떤 의미에서 우리는 수없이 많은 평행우주를 갖고 있지만 오늘 내가 선택한 단 하나의 하루를 경험할 수 있을 뿐이다. 소설 <1Q84>

를 읽고 스스로에게 질문을 던졌다.

'나는 이렇게 간절한 사랑을 가지고 있을까?'

나는 100년의 지구별 여행이 '사랑' 하나 제대로 배우기 위한 여정으로 느껴진다. 우리가 '나'라는 이름으로 경험하는 모든 일들은 결국 '사랑'이라는 단어 하나 배우고 깨닫기 위해서라고 생각한다. 우리가 누군가를 만나고 사랑에 빠지는 것은 처음에는 페로몬이 그 입구를 열어줄지는 몰라도 남은 기간 동안 우리는 전력을 다해 사랑을 배우기 위해 부단한 노력을 경주해야만 한다. 이 소설을 읽으면서 나는 줄곧 '아, 이들의 사랑이 바로 그렇구나. 이렇게 간절하게 서로를 끌어당긴다면 결국 어느 지점에서인가 만날 수밖에 없겠구나', 감탄했다.

"여기는 구경거리의 세계, 처음부터 끝까지 모두 다 꾸며낸 것. 하지만 네가 나를 믿어준다면 모두 다 진짜가 될 거야."

아오마메 마사이는 30세 여자. 스포츠센터 트레이너이며 마셜 아츠martial arts, 그러니까 무술의 달인이다. 그녀는 초등학교 때 어느 한순간 교실에서 있었던 짧은 영상을 무의식에 심고 산다. 그 기억 속에는 가와나 덴고가 있다. 그 영상을 마지막으로 아오마메와 덴고는 헤어진다. 사이비 종교에 빠진 어머니 덕분에 트라우마적 어린 시절을 경험한 아오마메는 덴고와 헤어진 후로 홀로 생을 살아가지만 언젠가 어느 지점에서 덴고를 만날 것을 믿 는다.

아오마메는 택시를 탔다. 라디오에서는 야나체크의 '신포니에타'가 흐른다. 재즈 카페를 운영하기도 했던 작가 무라카미의 소설 속에는 늘 음악이 흐른다. 그래서 그의 책을 읽으면 음악 속으로 걸어 들어가는 것 같다. 첫 장에 이 '신포니에타'의 첫 부분을 듣고 '이것이 야나체크의 '신포니에타'라고 알아차릴 사람은 '아주 적다'와 '거의 없다'의 중간쯤이 아닐까', 라는 표현이 나온다. 영어스러운 표현이다. 30세에 쓴 소설이 덜컥 수상작으로 선정되고 난 뒤 본격적으로 전업 작가가 되어 쓰여지는 그의 작품이 전 세계로 퍼져나가 읽히게 된 것은 이러한 서구적 정서도 한몫을 하지 않았을까 생각하게 되는 대목이다.

아오마메는 택시 안을 둘러본다. 이 부분은 중요하다. 그녀를 새롭고 낯선 세상으로 안내하는 안내자가 바로 택시 드라이버이기 때문이다. 방음장치가 잘 된 고급스러운 택시. 무면허 불법 택시는 아니고 정규 미터기가 달려 있지만 '택시 등록증'이 보이지 않는 택시. 시부야에서 4시 30분에 누군가를 만나기로 한 아오마메는 지금 수도 고속도로에 갇혀 있다. 시간은 3시 45분. 고속도로는 완전히 마비되어 정체상태. 평소 오후 3시는 도로가 막힐 시간이 아니다. 약속 시간에 늦으면 곤란하다. 아오마메의 불안을 읽은 택시 기사가 전철을 타고 갈 수 있는 방법을 제시한다. 수도 고속도로는 갓길이 없어 군데군데 긴급 대피 공간이 마련되어 있다. 맞은편 차선 너머 커다란 에소 석유 광고판이 있는 빌딩 옥상이 보인다. 바로 그곳에 지하로 통하는 계단이 있다고 기사가 알려준다. 그 계단을 타고 내려가면 바로 근처에 지하철역이 있다. 거기서 전철을 타면 눈 깜짝할 사이에 약속 장소에 도달한다. 마음이 급한 아오마메는 몇 번 망설이다 결심한다.

차에서 내리려고 하자 운전기사가 말한다.

"한 가지 알아둬야 할 게 있는데, 모든 일이 겉 보 기 와 는 다 릅 니 다."

"보통 사람이라면 대낮에 수도 고속도로의 비상계단을 내려가는 일은 안 합니다. 그래서 그런 평범하지 않은 일을 하고 나면 일상 풍경이 조금 다르게 보일지도 모릅니다. 하지만 겉모습에 속지 않도록 하세요. 현실은 언제나 단 하 나 뿐 입 니 다."

그녀의 선택으로 그녀는 달이 두 개 떠 있는 공간으로 이동한다. 평행우주. '소확행'을 얻기 위해서는 먼저 치열한 선택의 순간을 경유해야만 한다. Q는 질문Question 또는 탐색Quest*

나가며…

이야기되지 않는 것은 잊혀진다

스무 편의 이야기를 모았다. 무작위로 나의 마음을 강하게 끌어당기는 책들을 골라 다시 읽었다. 마음이 가는 대로 걷는다. 일정한 틀 속에서 무언가를 해야 한다는 것은 때로 숨 막히는 일이다. 누가 시켜서 하는 작업은 재미없다. 스스로 선택해서 길을 걷기 시작했다면 어디로 갈 것인지, 언제 멈출 것인지, 어떻게 문제 상황들을 해결할 것인지 늘 그 주체가 자신이라는 사실을 깨달아야 한다. 이 깨달음이 우리를 키운다. 나는 나 자신이 지구별 여행자라는 사실을 안다. 알고 있다. 이 사실을 깨달은 이후로 삶은 더이상 숙제가 아니었다. '숙제'라고 생각했던 것들을 '축제'로 만들겠다고 '선택' 했다. 아오마메가 수도 고속도로에서 내려 에소 석유광고판이 설치된 건물 지하실의 어둠 속으로 한 걸음 한 걸음 내려가는 것을 '선택' 함으로써 달이 두 개 떠 있는 공간으로 순간 이동하는 것처럼 삶의 모든 것들은 결국 선택과 선택의 결과물로서 지금, 여기에 존재한다.

나는 홀로 존재할 수 없다. 한 인간이 100년의 지구별 여행을 한다면 얼마나 많은 경험들이 쌓인 존재가 되겠는가. 그중에서도 특히

문학적 체험은 시공간의 제한을 받는 인간에게 시공간의 제약을 벗어나 자유롭게 유영하는 세상으로 우리를 데려간다. 인간의 몸은 시공간의 제약을 받으나 생각은 3차원을 자연스럽게 뛰어넘을 수 있으며 그 초월이 우리를 비로소 인간답게 만드는 것이라면 몸이 경험하는 지극히 제한적인 경험과 더불어 생각 속에서 펼쳐지는 다양한 경험들이 우리를 더욱 단단하고 깊이 있는 개체로 만들어내는 게 아닐까. 그리하여 나는 그저 육적인 내가 아니라 정신적인 깊이를 지닌 '나'로 성장하고 성숙하면서 영적인 삶을 사는 한 인간이 되는 것이다. 육적인 경험을 정신적으로 승화시키지 못하면 인간은 매우 초라해진다. 동물적 경험만으로 한정되어 버리기 때문이다. 인간은 육적인 존재인 동시에 정신적인 존재다. 상상과 비유, 상징과 초월적 존재인 인간. 그러한 인간만이 비로소 인간으로 변신할 수 있다. 인간은 생물학적 존재임과 동시에 지극히 정신적인 삶을 추구하는 존재이다. 소설은 육적인 삶을 살아가는 인간에게 그 너머 다른 세상을 체험할 수 있도록 우리를 끝없는 상상의 공간으로 초대한다.

펜실베니아 주립대 사회학자인 샘 리처드 교수는 한국에 대한 다양한 사건들을 조명한다. 그가 한국에 대한 많은 것들을 이슈화하자

나가며…

한국 사람들 또한 많은 메일을 보내 샘 교수에게 질문한다고 한다.

'한국의 소프트 파워가 참으로 대단하다는 사실은 인정한다. 하지만 한국 역시 매우 다양한 부정적인 사회 현상들과 단점들을 가지고 있다. 그런데 왜 이런 점들은 조명하지 않는가?'

그러자 샘 교수는 말한다.

"우리가 경험하는 모든 것들은 곧 각인된다. 나는 세상에 존재하는 많은 것들에 대한 호기심을 학생들이 갖기를 바란다. 그래서 더 많은 것들을 배울 수 있는 계기를 줄 수 있다면 그것이 내가 학생들에게 줄 수 있는 최고의 선물이라고 생각한다. 인종, 문화, 사회에 대하여 강의한다. 20대 때 한국은 내게 뭔가 특별하고 매력적인 곳이었다. 그 어떤 곳과도 비교할 수 없는 매력이 있다. 그러다가 5년 전 라디오에서 BTS를 만났다. 학생들이 재미있어할 만한 주제라고 생각하고 학생들에게 물었더니 그들은 한국에 대해 알고 있는 것이 별로 없었다. 그래서 나는 이렇게 말했다.

"여러분들은 펜실베니아 대학을 졸업하기 전에 BTS를 알게 될 것이다. 그들은 아마도 비틀즈보다 더 유명해질 것이다. 세계는 지금 한국문화를 알고 싶어 하고 배우고 싶어 한다. 문화의 힘은 우리를 앞으로 나아가게 하고 하나 되게 만든다"라고 말해 주었다. 사람들이 한국에 빠져드는 방식은 매우 독특하다. 그것은 매우 개별적이다. 공공 프로그램 등을 통해 한국을 알아가는 것이 아니라 그들 스스로 한국을 발견한다. 영화, 음악, 드라마, 댄스 등 K-컬쳐, K-엔터테인먼트 등을 그들은 각자의 스마트폰이나 침대에서 받아들이고 있는 것이다. 전 세계에서 동시다발적으로 한국문화에 폭발적으로 관심을 갖는다. 한국의 소프트 파워는 참으로 대단하다. 한국인들이 알지 못하는 것이 있다. 세상이 한국을 얼마나 알고 싶어 하는가에 대하여 그들은 아직 모른다. 한국?! 하면 '똑똑한 사람, 첨단 기술, 무언가를 할 수 있는 존재'가 떠오른다. 매우 긍정적이다. 한국 사람이 '말' 하면 세상이 '주목' 한다."

세상이 빠른 속도로 바뀌어 간다. 이 스마트한 세상에서 생존하고 싶다면 우리는 이제 우리의 감성을 들여다볼 시간을 가져야 한다. 감성은 저절로 만들어지지 않는다. 문화가 오랜 시간을 통해 습관이 되는 것처럼 감성 또한 오랜 시간에 걸쳐 내 안으로 스며드는 것이다. 소통하지 않으려 하고 선택하지 않으려 하고 도전하지 않으려 하고 성찰하지 않으려고 하면 우리는 앞으로 나아갈 수 없다. 이성, 지성,

나가며…

감성. 이 단어들은 모두 우리의 미래를 견인하는 단어들이다. 이성을 통해 알아가는 과정에서 지성이 형성되고 지성을 통해 감성의 영역을 극대화할 수 있다. 나는 세상의 모든 것에 민감하게 반응하는 감성 안테나를 지니고 있다. 이는 어려서부터 꾸준히 몸에 배어온 독서 경험, 문학적 경험을 통해 다양한 시대와 정신을 들여다보고 다양한 세상을 보아왔기 때문에 가능한 일이었다고 생각한다. 머릿속에 누가 나와 함께 살고 있고 어떤 문학적 경험을 갖고 있는지 한 번 들여다보라. 현상적으로 혼자 있는 것처럼 보여도 문학적 경험이 풍성한 이의 영혼은 와글바글하고 시끌벅적하다. 어떤 문제상황에도 그것을 함께 해결할 존재들이 많아서 결코 열등감이나 우월감에 시달리는 삶은 살지 않는다. 물질적 풍요만큼 정신적 풍요에 집중할 줄 안다. 정신적 풍요만큼 물질적 풍요를 얻을 수 있는 세상, 단지 부자가 되는 것이 꿈인 그런 세상이 아니라 마음 부자, 정신 부자, 감성 부자로 가득한 사람들, 그런 나라. 똑똑하고 첨단 기술을 가지고 있고 무엇이든 할 수 있는 존재인 한국인, 그 이유가 감성 충만한 영혼들로 가득하기 때문인 세상에서 살고 싶다.

스무 권의 책을 읽으면서 책마다 감성 포인트가 무엇일까 생각해

보았다. 그리고 다양한 질문을 던졌다. 책 곳곳에서 멈춰 서서 생각해 볼 시간을 가져보면 좋겠다. <너의 이웃을 사랑하라>의 감성 소통 포인트는 '날 좀 사랑해 줘, 왜 이 말을 돌려서 해?!' 였다. 고통스러운 전쟁을 불러 일으키는 존재들은 모두 사랑 결핍이라는 공통점이 있다. 이들은 사랑받은 경험이 부재하므로 사랑을 구걸한다. 차분히 설득하고 이해하고 수용하는 과정을 경험하는 것이 아니라 무턱대고 들이민다. 조금만 물리적인 권력을 가지고 있으면 그것을 무기로 활용한다. 그러나 전쟁을 통해서, 싸움을 통해서 얻을 수 있는 것은 상처뿐이다. 감성이 충만한 영혼들은 타자와의 관계가 원만하고 세상을 바라보는 시선이 온화하고 여유롭다. 칼처럼 날카롭고 바위처럼 단단한 마음으로는 타자와의 대화와 소통이란 불가능하다. 전쟁은 상흔만 남긴다. 어느쪽도 승자는 없다. 그런 마음을 한 번 들여다보았으면 하는 마음으로 감성 소통 포인트를 잡아보았다. <꽃들에게 희망을>의 감성 소통 포인트는 '나는 되어야 할 무엇일까, 아니면 이미 그 자체일까?' 이다. 우리는 이미 내 안에 모든 가능성을 품고 있는 존재이다. 나팔꽃은 나팔꽃의 가능성이 이미 들어 있고 장미꽃은 장미의 모든 것이 이미 씨앗 안에 들어 있는 것처럼 우리 또한 나만의 가능성을 이미 품고 있다. 그러나 가능성만으로는 충분하지 않다. 씨앗을 밭에

나가며…

심었다면 부지런히 물도 주고 바람도 불어주고 햇살도 내리 쬐어주어야 한다. 따라서 우리는 '이미 그 자체'이지만 꾸준히 '이미 그 자체'인 '나'를 현실로 드러내기 위해 끊임없이 움직여야 한다. 그러므로 우리는 늘 '현재진행형'의 존재이기도 한 것이다. 이렇듯 각 이야기마다 감성 소통 포인트가 무엇인지 질문하면서 읽는다면 더욱 내밀한 이야기 속 보물들을 발견할 수 있을 것 같다.

잘 모르는 것에 대한 관심이 우리를 키운다. 개별적 존재로서의 내가 공동체 자아를 가진 존재로 성장하려면 매우 다양한 차원의 '질문'을 던질 수 있어야 한다. 질문이 없는 시대인 이유는 호기심이 부재하기 때문이다. 잘 할 수 있는 '가능성'은 있지만 그것을 '현실'로 드러내기 위해 필요한 호기심, 뭔가 할 수 있는 능력, 방향을 바꿀 수 있는 용기, 생각하고 고민하고 성찰하면서 내 눈앞의 인생을 바꿀 수 있는 영감을 획득하는 세런디피티serendipity의 순간. 그냥 읽고 외우고 암기해서 시험 보고 그것을 무화시키는 기계적 공부가 아니라 궁금하고 더 알고 싶어서 스스로 답을 찾아가는 과정을 날마다 조금씩 경험해 나가는 것. 누가 가장 똑똑한가를 변별하는 것은 중요하지 않다. 우리가 앞으로 살아갈 사회는 자고 일어나면 삶의 기준이 달라져 있는 변화에 변화를 더하는 시대가 올지도 모른다. 아니, 이미 오고 있다. 그런 시대에도 강하게 살아남을 수 있는 존재가 되고 싶다면 지금 우리가 할 일은 사유의 힘, 질문의 힘을 통해 감성 충만한 존재로 변신하는 일이다.

그렇게 감성 충만한 존재로 살아가는 지구별은 이전과 같지 않을 것이다. 내가 살아가면서 느낀 낱낱의 감성들을 이야기로 써보는 연습을 하자. 상상과 비약의 달인인 베르나르 베르베르는 말한다. 이야기되지 않는 것은 곧 잊혀진다. 하지만 쓰는 순간 그것은 불멸성을 회복한다. 글을 쓰는 순간 생각이 정리되고 일정한 흐름이 생기면서 사유가 단단해지며 우리 정신에서 약한 부분은 내보내고 옹골찬 것만 남겨놓아 우리 자신 안의 진정한 힘을 발견하게 된다. 우리에게 닥치는 불행을 새로운 눈으로 바라보게 하고 이야기로 다시 태어나게 하며 어떤 깊은 대화나 성찰보다 우리를 더 높은 곳으로, 더 먼 곳으로 도약하게 해 준다. 글을 쓰게 되면 잊고 있었던 내면의 지층 속에 파묻혀 있던 것들을 탐색하게 되고 진정한 자기 성찰, 진정한 자기 이해에 도달하게 된다. 글로 쓰이지 않으면 생각은 늘 모호하고 불안한 채로 남아 있게 된다. 그래서 나의 경험의 가치도 모르는 채 그저 사소

나가며…

함으로 인식하게 된다. 하지만 우리들의 느낌과 감성이 글로 표현되는 순간 나라는 존재는 '예민한 수신자'이자 '강력한 발신자'가 되는 거라고 그는 강력하게 주장한다.

그는 일곱 살 때부터 단편소설을 쓰기 시작했다. 그가 30세에 <개미>를 내놓았을 때 그는 이미 120여 차례 개작에 개작을 거듭했다고 한다. 우리는 100년 지구별 여행자다. '숙제'가 아니라 '축제'의 장場'으로 지구별을 경험하려면 놀이와 재미를 우리 삶 안으로 들여야 한다. 부지런히 읽고 부지런히 경험하고 부지런히 써보자. 나의 모든 것은 세상에서 가장 독특한 경험이다. 세상 어느 누구도 나와 같은 경험을 하는 존재는 없다. 따라서 감성 충만한 삶을 충분히 경험하고 다른 지구별 여행자들의 이야기를 부지런히 듣고 읽고 그리고는 나의 삶을 쓰는 존재가 되자. 나는 감성 충만한 한 권의 책이다.

나가며… 이야기되지 않는 것은 잊혀진다

참고도서

너의 이웃을 사랑하라, 에리히 마리아 레마르크, 박환덕 옮김, 범조사
꽃들에게 희망을, 트리나 폴러스, 김명우 옮김, 분도출판사
키다리 아저씨, 진 웹스터, 이수나 옮김, 두산동아
문명, 베르나르 베르베르, 전미연 옮김, 열린 책들
노인과 바다, 어네스트 헤밍웨이, 민우영 옮김, 휘닉스
압록강은 흐른다, 이미륵, 정규화 옮김, 범우사
연금술사, 파울로 코엘료, 최정수 옮김, 문학동네
황야의 이리, 헤르만 헤세, 김누리, 민음사
분노의 포도, 존 스타인벡, 다락원
분노의 포도, 존 스타인벡, 노희엽 옮김, 동서문화사
참을 수 없는 존재의 가벼움, 밀란 쿤데라, 이재룡 옮김, 민음사
젊은 베르테르의 슬픔, 요한 볼프강 폰 괴테, 김애경 옮김, 청목
젊은 베르테르의 슬픔, 요한 볼프강 폰 괴테, 정진숙 엮음, 삼성출판사
달과 6펜스, 서머셋 모옴, 김정욱 옮김, 소담출판사
모모, 미하엘 엔데, 한미희 옮김, 비룡소
설공찬이, 김재석, 고래가 숨 쉬는 도서관
아낌없이 주는 나무, 쉘 실버스타인, 이재명 옮김, 시공주니어
변신, 프란츠 카프카, 전영애 옮김, 민음사
모비 딕, 허먼 멜빌, 이영호 엮음, 지경사
주홍 글자, 너새니얼 호손, 양석원 옮김, 을유문화사
로빈슨 크루소, 다니엘 데포, 박영의 옮김, 신원문화사